Una Aventura Llamada Vida II.

Enfrentando a la Oscuridad desde la Trinchera del Corazón

Reinaldo A. Poleo P.

ISBN-10: 1514608405
ISBN-13: 978-1514608401

DEDICATORIA

A todos los hombres y mujeres de nuestro noble país, quienes han perdido bienes, familia, libertad y hasta la vida, en defensa de los ideales de Integridad, Justicia y Libertad. Ustedes se han convertido en las trincheras de millones de corazones que creen en la nueva Venezuela.

INDICE

RECONOCIMIENTOS

Pensándolo bien, creo que debo agradecer a la pifia gubernamental por sacarme de mi zona de confort y hacerme preocupar por el futuro de mi país, su ineficiencia, decadencia y corrupción, me han dado mucho de que hablar.

Así también, esta situación me ha permitido reconocer el valor de los verdaderos héroes y que estos no están en historietas, sino más cerca de lo que suponemos, el problema es que aprendimos a esperar ver capas y ropa interior encima de la lycra… y los de verdad no son así.

No puedo terminar de dar las gracias a todos ustedes, familia, amigos, twitteros, Instagrameros , blogueros, locales, extranjeros y emigrados, los cuales, día a día han estado pendientes de mis aventuras.

Gracias a mi gran equipo, los que trabajan con excelencia el día a día, permitiéndome el tiempo de soñar, fotografiar, hacer y escribir. Mila, Lis, Vale, sin ustedes nada de esto sería posible

A mis padres, los cuales solo hay una palabra que les define… Geniales.

A ti Red… mi adorada columna vertebral, alma y aire.

Y definitivamente a ti Boss nuestro que estas en los cielos, en la tierra, en el mar, eterno creador, magnifico hacedor y siempre protector.

Humanos… gracias por quererme…

.

PREFACIO

Cerrar el año 2014 con la publicación de mi primer libro "**Una Aventura Llamada Vida. Relatos desde el Socialismo del Siglo XXI hasta una Muerte Prematura**", significó para mí un gran paso en el camino de concretar sueños.

Mucho tiempo, tal vez demasiado tiempo ha pasado desde aquel lejano 1999, en el cual los venezolanos nos convertimos en protagonistas de una historia ciento de veces contada y por millones de seres humanos, siempre olvidada.

Me refiero al clásico Autoritarismo.

El 26 de Noviembre del 2008, 9 años después del comienzo "oficial" de este proceso, conseguí una forma de drenar frustraciones a fin de evitar que inundaran mi optimismo. Yo diría que ese fue el momento en el cual terminé de colocar las bolsas de arena alrededor de mi corazón.

Ya hacían años de desaciertos, de experimentos sociales, invasión cubana, represión y de siembra de vientos.

El escribir un Blog, se convirtió en mi forma de denuncia personal, en foro de mi visión, sentimientos y principalmente en la herramienta para ilustrar mi historia dentro de esta historia.

Mientras la oscuridad apaga a la libertad de expresión, entre otras tantas libertades, hace germinar la semilla del miedo desmovilizador.

En la perversión de esta guerra, voces disidentes han echado mano a las pocas herramientas que quedan para mantener viva la llama de la libertad. Twitter y los Blog, entre otras redes, se abren paso en este totalitarismo, mostrándose como armas fundamentales en la lucha por los derechos humanos, tal y como lo ha demostrado su efectividad en otros países que también hacen frente a la creciente pandemia totalitarista mundial.

Para los nuevos dictadores, la comunicación libre es el enemigo a vencer ya que en la oscuridad se amparan todos los vicios y perversiones.

En la primera entrega de mi Aventura, dejo plasmado los eventos que más me impresionaron desde el año 2008, hasta la muerte del Comandante padre del socialismo del Siglo XXI y finalizo en Junio del 2013, fecha en la cual, se concretó con un fraude electoral, la perpetuación del régimen.

En esta segunda entrega comienzo con la visión optimista de lo que se puede hacer, muestro hechos en los cuales un ciudadano común se niega a sucumbir con su entorno y se subleva para convertirse en héroe callado de su comunidad.

Con **"EL SR. EUDES, UN CLINTON EN LA ISABELICA"** reivindico mi fe en la fuerza y compromiso individual, por el bien colectivo.

En **"Una Aventura Llamada Vida II. Enfrentando a la Oscuridad desde la Trinchera del Corazón"**, reúno a la denuncia, con los hechos que más me han impresionado y los cuales a mi juicio, han precipitado la crisis económica, social y moral en la cual nos hemos hundido. Así también, reúne el despertar del movimiento estudiantil, el alzamiento de los Gochos y la masificación de la represión, detención y tortura, como política de estado.

Con esta obra reivindico mi rechazo a la existencia de perseguidos y presos políticos, exiliados, al engaño y la mentira como "Memoria y Cuenta" y a la corrupción descarada compradora de conciencias y hacedora de pobreza.

De igual forma resalto a individuos muy especiales, recuerdos maravillosos y momentos trascendentales que han contribuido a apuntalar las trincheras que protegen a mi corazón.

Espero que **"Una Aventura Llamada Vida"**, llegue a ser una trilogía, en la cual, el tercer volumen retrate al año 2015 como el comienzo del final de esta pesadilla. Hago votos para que éste año sea la noche más oscura que preceda al nacimiento de una Venezuela justa, productiva e incluyente.

Así que sean bienvenidos a mi mente, a mi mundo, a mi *Aventura Llamada Vida*.

¡Fuerza y Fe!

Y que Dios nos Bendiga

Reinaldo Poleo

Caracas, 30/06/2015

UNA AVENTURA LLAMADA VIDA

CAPÍTULO 1

EL SR. EUDES, UN CLINTON EN LA ISABELICA

No puedo negar que aquel 30 de Julio del 2001, me sorprendiera y hasta conmoviera ver la noticia en CNN, en la cual resaltaba al ex presidente Bill Clinton abriendo sus oficinas en la Calle 125 del "Peligroso" barrio de Harlem, Nueva York. El por muchos llamado *"Primer Presidente Afroamericano"* de la unión Norteamericana, daba un paso importante al ubicar las oficinas de su Fundación en la "Populosa Barriada".

"Ahora siento que estoy en casa", dijo Clinton mientras la multitud aplaudía. La celebración comenzaba aquel lunes por la mañana, a pocas cuadras de su nueva oficina. Curiosamente no lo acompañaban su esposa, la Senadora demócrata por el Estado de Nueva York Hillary Rodham Clinton ni su hija Chelsea por una "enfermedad familiar".

Es importante destacar que hacía poco tiempo el Ayuntamiento de Nueva York, le dio un repaso a fachadas y lugares públicos, con el fin de revitalizar la zona, fue entonces cuando apareció Bill Clinton. Su llegada coincidió con el fenómeno denominado en inglés *"gentrification"*, o éxodo de gente económicamente solvente a lugares donde es más barato alquilar o adquirir una propiedad.

Durante este proceso, otras entidades siguieron los pasos del ex mandatario. Cada vez se veían más sucursales de bancos en las calles de Harlem y muchos huían de los precios prohibitivos del Manhattan Sur, para establecerse más allá de la calle 110.

Bendición para algunos, maldición para otros, la cuna de los grandes de la música Afroamericana como Ella Fitzgerald, Louis Amstrong, Nat King Cole, Billie Holliday, así como de los líderes de la lucha por los derechos civiles afroamericanos, Marthin Luther King y Malcom X, había cambiado para siempre.

Claro está, dicha situación no me resultaba extraña en lo absoluto, ya que antes que Bill realizará su aventura en Harlem yo tenía el privilegio de conocer a un hombre con menos cargo y más corazón… El Sr. Eudes…

Corrían los 90 y yo andaba "enamorao", como decía mi abuela. Y entre el entusiasmo y como soy muchacho de bien, quise dar el paso siguiente, conocer a la familia de mi amiga. A eso vino una retahíla de excusas… pasaba el tiempo y ni cerca.

Al fin llegó el día, debo reconocer que no conocía la populosa Urbanización La Isabelica en Valencia, Estado Carabobo. En una conversación con amigos, no faltaba la advertencia, es **"Zona Roja"**.

Debo reconocer que como medio sifrinito que soy, me preocupaba "Un poco bastante" mi seguridad, la edad nos hace precavidos, pero para alguien que también fue "enamorao" al Barrio Pinto Salinas, en Caracas (para los que no lo conocen, eso pasa de rojo a sangre), era un deber impostergable presentarme ante la familia de mi querida amiga (por ahora).

Los comentarios de los amigos quedaron cortos… un aroma a orina entremezclado con vapores de cigarrillo, cerveza y marihuana se dejaba deslizar por las sucias escaleras algo empegostadas que me llevaban a los pisos superiores, las miradas sospechosas de oscuros individuos ante la presencia del tipo nuevo y encorbatado, eran un aviso de que yo estaba totalmente fuera de lugar. Una estridente música que parecía emerger de diferentes apartamentos, daban un mayor efecto al caos reinante, situación que se repetía en los bloques adyacentes.

Un hogar cálido, humilde y en claro contraste con su alrededor me dio la bienvenida, esa sería mi primera impresión, la cual se mantendría por mucho tiempo, aunque la costumbre haga que los ojos y el pensamiento, lleguen a ser más benevolentes.

Buena gente y otros no tan buenos se mezclaban y sobrevivían en el bloque, en parcelas de pasillos y enrejados defensivos, en los que algunos trataban de encontrar y proteger la limpieza en medio de la suciedad, así como mantener la tradición de la puerta abierta por encima de todo.

Más o menos para la misma época, llegó al edificio "El Sr. Eudes" y su familia. Papá y mamá con sus muchachos pequeños se unieron al circo.

Me casé, los rostros oscuros y llenos de sospecha se aclararon y relajaron haciéndome una cara conocida en el bloque. De igual forma llegué a notar la presencia del Sr. Eudes en los alrededores. Creo que nunca pasé el tiempo suficiente para descubrir el proceso, pero la presencia de este hombre callado y taciturno se hacía cada vez más presente. Algo estaba cambiando, algo así como cuando visitas a un amigo con poca frecuencia y cada vez que llegas te encuentras con que los hijos han duplicado su tamaño y habilidades.

Los matorrales de los alrededores iban desapareciendo, cada vez veía más zonas recuperadas, más pasillos se veían limpios. Un día pasé y en una zona en la cual solo llegué a ver a vendedores de droga y borrachos, había aparecido una cancha múltiple. Llegué cuando la inauguraban y un sonriente Sr. Eudes, era el árbitro del primer partido de Voleibol entre los muchachos del edificio, una escena que se repetiría por mucho tiempo.

Un día encontré enrejada la entrada y el otrora pasadizo de lagunas de orina se encontraba limpio y reluciente, el tiempo pasó y la presencia del Sr. Eudes inundaba silenciosamente el espíritu de los que querían algo más. De igual forma, la presencia de la Sra. De Eudes, esmerada con la limpieza de las áreas comunes, se hacía patente y efectiva.

Se crearon cuentas comunes y hasta administración, cosa difícil en una zona en la cual solo existían parcelas, algunas más parecidas a trincheras que a hogares.

El saneamiento del bloque era y es patente, las navidades se cubrieron de luces y camaradería, la belleza del interior de algunos apartamentos salió al exterior y hasta se hizo contagioso... el cambio no solo fue de fachada, también cambio el corazón de la comunidad.

Los muchachos del edificio, en estos últimos 20 años, han crecido, ya muchos tienen sus propios hijos e inclusive permanecen en el bloque. La otrora cancha se convirtió en estacionamiento, estructura que contribuye al bien común, al resguardar los vehículos de los vecinos y hasta ayuda con el mantenimiento de los gastos del mismo edificio. Se han convertido en ejemplo de autogestión.

¿Rivalidades? ¡Claro! ¿Desacuerdos? ¡Por supuesto!!! Pero al final, se han convertido en una Isla en medio de la miseria, porque la miseria no es falta de dinero, ¡Es falta de ganas!!!

Hoy sigo siendo un sifrinito con 20 años más, y siempre me es grato llegar a visitar a la familia, a los vecinos, a la buena gente del bloque... nunca he intercambiado mucho con el Sr. Eudes, desconozco su religión o parcialidad política, pero puedo dar fe, de que en mi distancia y silencio, es un hombre que admiro, como motor de su comunidad, como Padre y esposo ejemplar, como un verdadero ciudadano de la patria a la cual podemos aspirar.

Es la fuerza de un hombre, un solo hombre que hace lo que tiene que hacer, lo que ha cambiado al bloque y a la comunidad... muchos no sabrán en donde comenzó todo... yo que desde afuera recuerdo y escribo se los puedo recordar... fue el Sr. Eudes y su orgullosa y muy valiosa esposa los que marcaron la diferencia.

Debo reconocer que desconozco su apellido... pero no me extrañaría que fuera Clinton, que fuera *Mr. Eudes Clinton de La Isabelica.*

Dedicado a los Héroes o Eudes que he tenido el honor de conocer... y que CNN no ha conocido.

Publicado 1 de Julio del 2013
http://unaaventurallamadavida.blogspot.com/2013/07/el-sr-eudes-un-clinton-en-la-isabelica.html

CAPÍTULO 2

ANOCHE SIMPLEMENTE MORÍ

Así de simple, sin bombas ni platillos, sin dolores, sin llantos, sin drama ni agonía, simplemente moría.

Atrás quedaron los planes, las fiestas y las pospuestas alegrías.

Atrás dejé la maleta, de aquellas vacaciones queridas, atrás quedo en el closet, vacía.

Se me quedaron los "Te quiero" que por no tener tiempo no decía.

Se quedó vacía la cama, con las pasiones robadas por el supuesto día a día.

Perdí mi tiempo en la tierra pensando que era inmortal, de nada me sirvieron las rabias y los afanes.

Atrás quedaron insultos y gritos al motorizado, al camionetero, al atravesado... atrás quedó tu sentencia y el tiempo de un beso olvidado.

Cuánto tiempo perdido, cuánto tiempo botado.

Se me acabaron los planes y me convertí en pasado.

Cuántas cosas no dije y cuántas dije de más y continuó la vida... pero la de los demás... me quedaré en el recuerdo de los pocos que me han amado, pero para el mundo ni siquiera seré un recuerdo porque nada bueno le he dejado.

Pospuse mi libro, mi canción, ser un payaso, no me atreví a bailar ni a cantar y hasta pospuse besos, hasta negué un abrazo.

No me paré a escuchar al ave cantando alto, ni tuve tiempo de ver el amanecer en la cola, estaba desesperado y apurado.

Simplemente he muerto, simplemente soy pasto.

Perdona por no salir temprano y quedarme acostado, en serio pensé que tenía todo el tiempo en mis manos.

No te cocine ése plato que tanto te habría gustado, ni te dije todos los te quiero que merecías, cuando estaba a tu lado.

Pospuse el mar, pospuse la montaña, el bosque y el desierto que Dios me había dado. Pospuse el saludo a mi vecino que tantas veces me había saludado.

Dejé que me robaran el tiempo, de ser mejor ciudadano, preocupado por lo que no hacían cuando debí haber hecho algo.

Ahora recorro mis pasos, y que poco he caminado, toda una vida pendiente y ya todo se ha acabado.

Mis niñas se quedan pequeñas... al altar, de mi brazo no llegarán, pensar que apenas anoche lo que querían era jugar... pero como siempre, yo estaba muy cansado, llegué pensando en el trabajo, en este gobierno canalla que me tiene trastornado, creo recordar que la más pequeña lo que quería era bailar y simplemente la he ignorado, tenía cosas más importantes, como "el ruidito del carro"...

Aún nadie lo nota... aun nadie ha despertado... apenas mis 2 perras se extrañan de que no las he sacado y es que hasta correr con ellas lo había olvidado!

El televisor se enciende... la alarma lo ha activado, ha continuado la vida y yo atrás he quedado, se me gastó la vida y el vivir lo dejé depositado...

Se me acabó el futuro... ahora solo soy pasado... y ahora el miedo, ya nunca más había rezado.

Hoy he amanecido muerto... ya mi tiempo se ha acabado...

Publicado 10 de Agosto del 2013.
http://unaaventurallamadavida.blogspot.com/2013/08/anoche-simplemente-moria.html

CAPÍTULO 3

EL POTE DE LECHE O NOS CANSAMOS DE PELAR BOLAS...

Hay palabras que definitivamente, están destinadas a cambiar nuestra existencia. La mayoría de las veces, las recordamos por alguna razón, hasta que un día la comprendemos en toda su aplastante verdad.

En una ocasión, discutía con el Gerente de la Oficina cierta situación de mis subordinados, yo reclamaba lo que creía justo; al final conseguí lo que quería, sin embargo, Juan José sentenció mi triunfo con una frase... *"Recuerda, el día en que pierdas tu puesto, ninguno de ellos llevará el pote de leche a tu casa"*.

Muchos años después, caí bajo el peso de esas palabras, expuse mi pellejo por alguien que no me agradeció y ni siquiera una llamada a sabiendas que le salvé su empleo a costa del mío. Dios es testigo de cómo resonaban las palabras de **J.J.**, en la medida que el peso del desempleo caía sobre mí.

Mucha agua ha corrido desde que mi vida se vio inundada por la desagradable experiencia del desempleo... debo agradecer a mis padres y hasta a mis suegros que más de una vez llevaron "el pote de leche y algo más, a mi casa".

Que terrible sensación es el desempleo, es una prueba dura a la esperanza, es amanecer diariamente con ilusiones que duran una entrevista, es la pérdida del orgullo y en muchas ocasiones hasta se tambalea la fe.

Que grande se siente una persona cuando consigue un empleo, cambia de postura, se hace más alta, su voz es más fuerte, la sonrisa es radiante y hasta la mirada es más brillante... seguro desaparece del Facebook y hasta de su Iglesia...

En estos días leía en el Twitter, gran cantidad de reconocimientos a los héroes que renunciaban a Globovisión, alabanzas a los despedidos e imprecaciones contra los que permanecían.

Me pregunto yo... ¿Cuantos llevaron el pote de leche a la casa de algunos de los "Héroes de RCTV"? ¿Cómo queda "El Ciudadano" @elcitizen con su póliza de seguros en una situación tan delicada como la que está viviendo? ¿Quién le dice a Gledys Ibarra que aún no tiene patria pero tiene cédula???

Cuantas veces nos conseguimos, mientras caminamos "Por estas calles" de Caracas, los carteles pegados en la paredes, en donde nuestras gloriosas estrellas de TV, ofrecen "Talleres de Actuación" para matar un tigrito, mientras nosotros, absortos en nuestras propios quehaceres, ignoramos la realidad de que nuestros actores, periodistas y escritores, entre tantos otros, han sido segregados del monopolio comunicacional impuesto por el gobierno Rojo, el cual les sentencia al destierro o a pasar trabajo parejo.

Un día, a tono de broma y muestra de mi ignorancia, escribí en el Twitter algo como "Creo que la proliferación de Talleres de Actuación es directamente proporcional a la pelazón de los artistas"… A lo que mi muy admirada Carolina Perpetuo @perpetuok me respondió "Tu lo dirás jugando"… Bastó eso para darme cuenta de mi torpe y vergonzoso comentario.

Lo siento… No esperen que apoye a que alguien, opositor o empleado público pierdan su trabajo. Hoy nos divide una lucha de principios; es una lucha porque uno u otro bando no comparte la visión del otro. Si alguno es más destructivo que otro, el pragmatismo se impone, no se puede ocultar el sol con un dedo, ni con un discurso, ni con un cartel de Misión alguna. Nada más pragmático que hacer mercado. Ya no podría esperar el "Pote de leche" de parte de mis padres, porque ellos tampoco la consiguen.

La semana pasada recibí una invitación para un evento muy especial, mi querida Berenice Gómez, nuestra admirada Bicha @Tururunes, realizaba un llamado a un experimento, ***Los Cuentos de La Bicha***, en el Restaurant Girasol del Hatillo.

¡Qué espectacular!!! Una mezcla de humor, actualidad, noticias, entrevistas, astrología y buena música; un Mix que me trajo a la Bicha haciendo lo que sabe, junto a un tremendo equipo. El Gordo Napoleón, conocido por imitarla en Radio Rochela, nos trae a la "Bicha Gorda" del ayer… la original (como dice él) y se encuentra cara a cara a la Nueva Bicha, bella y flaca, en un enfrentamiento periodístico de primera.

Un espectáculo adobado con misterio y esperanza, gracias a la intervención de la sorprendente Astróloga y Victima del cierre de RCTV, Aisha (@aisha_728) que nos revuelve los sentimientos con sus predicciones y comparte con el público regalando 3 lecturas de cartas.

Un breve espacio que nos afecta los sentimientos, se amalgama la hilaridad, con la nostalgia, el deseo de una Venezuela de progreso, de un país en donde quepamos todos. Un espectáculo que nos hizo llorar de alegría y de orgullo por lo nuestro, por lo que hemos perdido y por lo que debemos recuperar.

La Bicha nos puso de nuevo en su espacio, una periodista, franca, fresca que no deja de mover a un público ávido de sus fuentes y sus picantes revelaciones del acontecer nacional.

Y como comenzó diciendo el gran Napoleón Rivero, fantástico humorista, comediante y siempre presente como otra joya de nuestra querida Radio Rochela en RCTV... "!Se cansaron de Pelar Bola!!!"

La TV de libertades se vuelve a la calle, y debe ser responsabilidad de TODOS llevar "El Pote de Leche" a la casa de aquellos que han puesto todo por sus principios u obligados por las imposiciones de un gobierno que lejos de crear una sola corriente de pensamiento, está creando Millones y Millonas de descerebrados.

Esta mezcla de Nuevo Periodismo y humor inteligente, es una muestra más de que existe un camino, un camino que solo recorren los cansados de Pelar Bolas... los hartos de luchar desde el Twitter, los asqueados de hacer cola para comprar la poca comida que consiguen o les alcanza con el miserable y devaluado "Bolívar Fuerte" (Y que nos perdone la memoria de nuestro burlado Libertador).

¡Bravo Bere! Sé lo mucho que has sacrificado, conozco lo que has perdido, pero eres inspiración de muchos que se desviven por escucharte junto a tu hermana, mi estimada Cuaima, Erendira Gómez en el programa "La Bicha y la Cuaima" todos los días por RCR 750 AM, gente que se llena de esperanza con tus palabras y tu ejemplo de mujer embraguetada.

Has sido víctima de engaños, vejaciones, atentados, porque ese extraño robo del vehículo de tu hermana, mi querida Maricela, a punta de pistola, huele más raro que perro mojado.

Pero así y todo, las Gomez, son ejemplo de mujer venezolana... que no espera que le lleven "El Pote de Leche a la Casa".

Para ustedes y para los cientos de actores, periodistas, utileros, tramoyistas, escritores, productores, por Kiko, Chuo, Lozinki, Giusti, Parraga, Lavaud, Carla, entre tantos otros... para los que permanecen en los medios arrodillados al estado, manteniendo y manifestando su forma libre de pensar y han hecho de sus puestos de trabajo trincheras de libertad, para todos ustedes que están y para los que ya no están, me pongo de pie y ¡vaya mi aplauso!!!

Siempre podrán contar conmigo...

GLORIA AL BRAVO PUEBLO QUE EL YUGO LANZÓ, LA LEY RESPETANDO LA VIRTUD Y HONOR...

Publicado el 26 de Agosto del 2013
http://unaaventurallamadavida.blogspot.com/2013/08/el-pote-de-leche-o-nos-cansamos-de.html

CAPÍTULO 4

DUMMIELAND (TIERRA DE DUMMIES)

Debo confesarlo, por muchos años fui lo que muchos conocemos como un "Niño de Apartamento", lo cual se define como una Cría Humana confinada a un espacio limitado del lugar en donde habita, debido a restricciones mayormente de seguridad. Dicha cría se desarrolla físicamente en el colegio y su encierro contribuye al desarrollo de una gran imaginación alimentada por horas de televisión, ya que no hay tanto libro para aguantar años de encierro.

Hoy día los juegos de vídeo y computadoras han ido acabando con el uso de la imaginación y los libros, creando una nueva generación de Cyberniños que ven al mundo como un Videojuego y, que dejaron de cumplir años... ya tan solo "Pasan Niveles".

En aquellos tiempos, de TV en blanco y negro, había un programa que alimentaba mi mente ávida de conocimientos, era una serie Australiana (me enteré hace un ratito cuando investigué para este artículo, porque siempre creí que era británica), la misma tenía por nombre, según recuerdo, "Hacia el mañana" (Beyond Tomorrow).

Particularmente siempre recordaré un capítulo en particular... una figura humana atada a un cinturón de seguridad saltaba en cámara lenta mientras se reproducía una y otra vez el terrible impacto de un vehículo, contra un sólido muro.

Ese día, escuché su nombre por primera vez... Dummie, dícese del muñeco o maniquí utilizado en las pruebas de choque (crash-test) para comprobar las reacciones del cuerpo humano ante un accidente de tráfico. Su estructura cuenta con dispositivos capaces de medir los daños, ocasionados por el impacto, en zonas tan delicadas como el cuello o la columna vertebral. Resultan muy útiles para el desarrollo de elementos de seguridad pasiva como el airbag, los cinturones de seguridad, etcétera.

Posteriormente, en mis "pinitos" dentro de la computación, conseguí una herramienta diseñada para que mi mente lega, entendiera las nociones básicas de las cosas, hoy en día todos nos hemos tropezado con esos curiosos libros en toda librería a nivel mundial... "Para Dummies"; son una serie de libros de aprendizaje cuyo objetivo es presentar guías sencillas para lectores novatos en diversos temas.

Normalmente tienen una cubierta amarilla y negra con una caricatura de cabeza triangular conocida como "Señor Dummy" (Dummies Man), y un logotipo informal con apariencia de estar escrito a mano por un niño.

¡Cómo se necesitan estas guías en Dummieland!

Dummieland es un país en donde los Dummies apenas sobreviven a todos los proyectos y experimentos económicos, sociales, así como misiones y revoluciones que un grupito lleva a cabo sin ningún escrúpulo, después de todo, ¿quién puede tener escrúpulos de un maniquí, mudo y lleno de sensores?

Todo Dummie tiene dueño, siempre hay alguien que lo pone a hacer algo, sin ni siquiera entender la razón. Los Dummies aplaudimos, marchamos, trabajamos, votamos y morimos en silencio y con mucho dolor, es que eso si tenemos, estamos llenos de sensores, sentimos mucho, pero no somos capaces de actuar.

Los Dummies no entendemos de proyectos, no sabemos de tiempo, no vemos diferencia entre 1 día y 15 años, no nos importan los otros dummies, porque aunque estamos llenos de sensores, estos no están conectados a nadie.

No nos importa de dónde vienen las ordenes, en fin, al final hacemos lo que nos dicen.

Los Dummies somos amarillos... que curioso... un color relacionado con la cobardía, ¿será un chip?

El Dummie que suscribe este escrito, quiere más.

Y es así que, de lectura en lecturas, he llegado a enterarme de algunas situaciones que permanecían nebulosas en mi amarillo cerebro, las cuales creo entender y las hago del conocimiento público con el fin de ver si unimos sensores y nos cambiamos el color:

1.- Los países son una empresa con muchos accionistas.

¿Sorprendidos? Pues si... esta es una gran verdad la cual me costó un mundo entender. Resulta ser que, por "País", se entiende a un área geográfica bien delimitada y una entidad políticamente independiente, con su propio gobierno, administración, leyes y la mayor parte de las veces, una constitución, una fuerza policial, fuerzas armadas, leyes tributarias y un grupo humano.

En ningún lado dice que sea un pedazo de tierra de alguien... se habla de **GRUPO HUMANO**.

Se los pongo más sencillo, la Venezuela que conocemos es una empresa con local propio (Territorio), cuyos dueños son los millones de "Accionistas" que la conforman, es decir, todos y cada uno de los nacidos en esta tierra de gracia, desde el bebé que nació hace un segundo, hasta el ser que está a punto de fallecer en un atraco.

2.- Los Países al igual que las empresas se rigen por Estatutos Registrados.

En el caso de las empresas, están especificados en el Acta Constitutiva, eso mismo, en los países se llama Constitución; De ambos derivan todos los reglamentos destinados a cumplir con los objetivos o la razón social o razón de ser de la empresa o nación. Dicho documento está firmado por todos los accionistas o los representantes que estos designen.

Dichos representantes deben ser conocidos por los accionistas y vivir para representarles. De lo contrario, simplemente están despedidos. ¡Recuerda, **TU** pagas su sueldo!

3.- Un País, al igual que las empresas, necesita de una gerencia y una administración.

Los accionistas, al igual que las empresas, necesitan que alguien dirija dicha empresa y pueda gerenciar las estructuras destinadas a alcanzar los objetivos de la misma. Aquí vale la pena hacer una salvedad, el fin de la empresa debe ser vender sus productos o servicios, de modo que los accionistas obtengan beneficios, dicha empresa, con aprobación de los accionistas, establece cuales son los ingresos de los administradores y gerentes, si lo hacen bien, merecen permanecer en sus cargos y mejorar sus sueldos.

En un país los accionistas (es decir, **TU**), nombran por votación a un gerente (es decir, el Presidente), pero nunca… ¡N U N C A! puedes olvidar que es un empleado, no es dueño de la empresa o país, es TU empleado, el cual NO PUEDE hacer uso de los recursos sin que sus accionistas lo aprueben. ¡De lo contrario, debe ser despedido!

4.- Los Países son organizaciones sin fines de Lucro.

Las Naciones deben vivir de los impuestos, los cuales no son más que un aporte que hacemos los socios para pagar la estructura que permite el funcionamiento del país, en esta Sociedad o país, todos hacemos un aporte con el fin de cubrir los gastos del gobierno o gerencia. Todos debemos pagar impuestos. Quien no lo hace, es un delincuente del cual TU y YO, tenemos que pagar SU parte.

Ahora IMAGINE, SOLO UN MOMENTO, que en su empresa de 10 empleados contraten a 20 señoras de servicio, de las cuales 10 están de reposo, 5 se turnan para no venir porque tienen algún "Problemita", 3 están hablando todo el día, 1 sirve el café cuando quiere y la otra, usted sabe que existe, sabe que cobra, pero en su vida la ha visto porque resulta que es sobrina del administrador… o bueno… uno de los administradores. Mejor aún, el día que usted, socio de la empresa, va a reclamar porque no recibe utilidades, recibe la noticia de que NO HAY porque los gastos de la empresa superan el ingreso, ¿Qué pensaría usted? Amigo… ¡Felicidades!!!!

¡Acabas de conocer a la CORRUPCIÓN!

De paso, imagine que cuando usted pide una relación de los gastos de la empresa, lo tienen mareado con excusas y no le dan información, pues eso también se llama ¡CORRUPCIÓN!

O si usted ve que se pagó por una resma de papel XXX Bs. Y usted va a la calle y cuesta X Bs. ¿Sabe cómo se llama eso? ¡Acertó! ¡CORRUPCIÓN!!!

Cuando asfaltan una vía bajo un palo de agua y al mes se vuelve a romper y la vuelven a reparar, decimos que el gobierno está trabajando... ¡DUMMIE DESPIERTAAAA! Pagaron por ese trabajo 2 veces... ¡P A G A S T E (con tus impuestos) por ese trabajo DOS VECES! Y tú felizzzzzzz

Lo más razonable, es que los países VIVAN de la renta, es decir, vivan de que sus ciudadanos o socios "PAGUEN" una porción de SU GANANCIA, para mantener funcionando las estructuras, las cuales le permitan obtener mejores ingresos. Si todo funciona bien, las ventas deberían mejorar y así tu aporte aumenta. En el caso de que los socios (ciudadanos) comienzan a pagar más de lo que el estado necesita, el gobierno DEBE bajar los impuestos, porque los que gobiernan, NO PUEDEN OBTENER UTILIDAD ya que la UTILIDAD, debe volver a los accionistas.

5.-País PLUS o Bono Petrolero.

Si logras que un país "se arrope hasta donde la cobija le alcance", es decir, vivir de los impuestos o rentas, imaginen ustedes si ese país tiene un ingreso extra.

Es como si ustedes tuviesen una venta de empanadas que diera para mantener el negocio, a usted y hasta a su familia (como vive mucha gente en Venezuela), y un día usted prepara una salsita bien buena y la gente le comienza a comprar, además de la empanada, la salsita. ¡Qué éxito!

Para usted sería un enriquecimiento, pero si volvemos al país y al concepto de que los países son instituciones SIN FINES DE LUCRO, es decir... los países NO se enriquecen, se enriquecen los dueños del país, usted... yo; Entonces un país que tiene un BUEN ingreso extra DEBE hacer dos cosas... La primera, invertir para mejorar y mantener la "Salsita", en nuestro caso la Industria Petrolera y en segundo lugar, los excedentes deben ir a los socios del país... es decir, a NOSOTROS, ya sea en forma de inversión en infraestructura y servicios o BAJANDO los impuestos.

Igualito que en su casa, si usted gana 10 y le comienzan a pagar 15, usted se compra ropa o mejora su casa, cambia de carro... usted NO aumenta el consumo de gas, luz teléfono... se los echa encima puej!

6.- Quien Paga Impuestos.

Después de lo antes señalado, a esta altura debería estar claro que nosotros pagamos los impuestos, lo cual, como lo indiqué, es una porción de lo que ganamos honestamente. Esto significa que delincuente y misionero no paga impuesto. Todo lo que usen en servicios o bienes de la nación, lo pagamos nosotros, tú y yo (y ni hablar de la luz que se roban en los barrios, el agua, etcétera, eso es tema para otra ocasión).

Cuando pagas algo y te cargan IVA, pagas impuesto, es decir, si no gastamos, NO PAGAMOS IMPUESTOS.

Pero para comprar tenemos que ganar dinero, si no trabajas, no tienes dinero que gastar, lo cual significa que es necesario que gastes dinero para que el gobierno reciba renta y tenga dinerito para funcionar, de lo contrario, se comerá la renta petrolera para poder seguir funcionando. Es decir, se come el PLUS, la ganancia y tú dejas de recibir los beneficios que esa renta produce.

Lo idóneo y probado, es que exista la empresa privada, la cual solo sobrevive con reglas de juego clara, con un sistema de seguridad jurídica que permita el desarrollo de actividades productivas. Esto significa que si hay empresas que producen ganancias, TIENEN que pagar impuesto, más ganan... más pagan.

Mientras más gente trabaje, más dinero tendrán en sus bolsillos y más gastaran, si compramos más, pagamos más impuesto. Si esta cadena se rompe, ¿de dónde sale el dinero que mantiene al gobierno funcionando?

Aún no existe un sistema que se base en una repartición JUSTA de la riqueza, ¡NO EXISTE!

Ni existe nación que pueda aislarse, todos dependemos de otras naciones así que, tenemos que aprender a jugar el juego Global para poder sobrevivir, de lo contrario, nos convertiremos en una Isla en donde lo único igualitario es la miseria y la muerte, eso sí con patria e ideales "firmes"... Tierra de Dummies puej... o como Cuba si lo quieres más ilustradito.

7.- Igualdad.

Aspirar a la igualdad es una ilusión bonita, sobre todo a la igualdad material.

Ser un Dummie tiene sus ventajas, todos somos amarillitos e iguales. Lo mejor de todo es que TODOS estamos convencidos de ser diferentes. Pero eres diferente cuando no tienes que hacer lo que debes hacer sino lo que quieres hacer.

La igualdad es una bandera y las banderas cuando las izas son inalcanzables (trata de bajar la bandera de un asta sin desatarla para que sepas a que me refiero).

Solo aceptando nuestras diferencias dejaremos de ser Dummies, no todos podemos volar un avión, ni ser médicos, ni gerentes, ni políticos.

No todos podemos ser científicos, ni todos podemos hacer una casa, crear una pintura o una Opera maravillosa.

A lo que SI podemos aspirar, es a tener la misma OPORTUNIDAD de ser alguien, de aspirar a algo, de desarrollar nuestras aptitudes, de dar lo mejor de nosotros por estar enamorados de lo que hacemos.

Sólo el que ama lo que hace, logra hacer las cosas, no digo bien, sino espectacularmente.

A esa Igualdad aspiro… un Dummie con las mismas oportunidades en un estado o empresa que me las ofrezca y garantice.

Si no haces lo que amas, si no estás en lo que eres bueno, algo está mal, no eres la causa, seguramente eres LA CONSECUENCIA.

8.- Libertad.

Tremenda palabra para un Dummie que creció entre las 4 paredes de un apartamento en el Valle de Caracas. Para alguien que se recoge temprano, por temor a que lo atraquen de noche. Para alguien cuya pared la comparte con otro Dummie, cuyo techo es el piso de otro y su piso, el techo de otro más.

Libertad para el que tiene que pedir permiso para salir del país o comprar bienes de otras naciones porque no puede aspirar a convertir su propio dinero en otra moneda sin la autorización de su propio empleado (el gobierno).

Libertad para el que no puede vacacionar en Los Roques o Canaima porque los precios que cobran son viables SOLO, para extranjeros… pero no para el dueño o socio del país… te lo recuerdo nuevamente, esos somos TÚ y YO.

Libertad para escoger el Papel Toilette que queremos, en un país en donde si lo consigues te alegras. O para obtener Harina, Pollo, Primperan para los Vómitos o Suero para hidratar. Libertad para el que muere en un Hospital sin insumos o de Cáncer sin el tratamiento. Libertad para el que no tiene un aparato de diálisis para sobrevivir o un supositorio de glicerina para evacuar… libremente.

Libertad para comprar un auto porque no hay o no lo puedes reparar por falta de repuestos o para circular sin que un motorizado te quite la cartera, el carro o la vida.

Libertad… bien bonita la palabrita… al menos me puedo quejar… y marchar… como si eso me diera seguridad, servicios hospitalarios, papel, supositorios o algo. Es lindo cuando marchamos… todos amarillitos igualitos…

9.- Fraternidad.

Pero es que yo tengo mis problemas, y son demasiados para este Dummie, como para tener que preocuparme por los problemas de los demás.

Yo y mis Sensores, es demasiado lo que siento para tener que sentir lo que tu sientes, así que cada quien con su problema.

¡Dummis y Dummas… amarillos todos!!! O nos conectamos o nos fregamos, divide y vencerás y estamos divididos y vencidos.

¿Tenemos que esperar a que nos BRITOCEEN la vida (Franklin Brito, en tu memoria)? ¿Que nos toquen la parcela? ¿Qué nos quiten el enchufe?

O nos Unimos o nos Jodimos.

10.-¡VENEZUELA!

Nos podrán cambiar el nombre, voltear el caballo o sumar una estrella, podrán cambiarle el nombre a todo y hasta cambiar las fechas patrias, podrán cambiarnos los libros de texto y brindar por "Otra patria grande".

Podrán comprar conciencias, cambiar valores, pintar paredes y armar a niños y delincuentes.

Pero **TÚ**, Venezolano, que te has quedado en esta empresa por necesidad o convicción... tú tienes la fuerza, los valores, el GEN que cambió a América.

¡Convicción tenemos! Lo que falta es decisión.

Lo que falta es que NO dejemos que nos pongan frente al volante y prueben como quedamos después del choque.

¡DUMMIES DEL MUNDO, LEVANTAOS Y ANDAD!!!

¡ES HORA DE CAMBIAR EL COLOR AMARILLO E INTERCAMBIAR SENSORES!!!

El Futuro es del que lo busca, no del que se sienta a esperar.

Publicado el 27 de Septiembre del 2013
http://unaaventurallamadavida.blogspot.com/2013/09/d-ebo-confesarlopor-muchos-anos-fui-lo.html

CAPÍTULO 5 .

EL SÍMBOLO PERDIDO Y EL CABALLO LOCO

Vivimos una época extraordinaria en muchos aspectos, me atrevería a afirmar que, al menos, los primeros años del Siglo XXI, serán recordados como la Era de la Información.

En este momento, países del mundo entero, reclaman a USA (Big Brother), no sé si el descubrimiento de que son espiados o más bien el de que "el pueblo" se entere de que eran espiados (hasta con la complicidad de sus propios gobiernos). Dioooooossss... ¿es que la gente no ve películas?

O sea... ¿No tenían idea de que eran espiados? Y me pregunto Yo... ¿para qué son las Agencias de Inteligencia de los Estados? ¿Para resolver problemas matemáticos??? ¡Porrrr Favooorrrrrrrr!!!!

Sun Tzu, en El Arte de la Guerra, decía que la información, o la falta de ella, determinan las posibilidades de éxito. Según él, si se dispone de información fiable y suficiente, la victoria es segura. Y hoy vivimos en una vorágine informativa.

En este Maremágnum de información, cada día se hace más difícil diferenciar lo verdadero de la ficción, vale la pena recordar, cuando las salas de cine exhibieron la famosa novela hecha película, **"El Código Da Vinci"**, de Dan Brown. ¡Insólito! Hablaba con gente que daba por cierto la fábula reflejada en la película, bastaron unos cuantos símbolos históricos para darle vida a una leyenda. Definitivamente no hace falta mucho para poner a la gente a hablar pendejadas.

En fin, del fulano código pasamos a sospechar del pobre Papa en **"Ángeles y Demonios"**, hasta quedar buscando el por qué estamos metidos en este lodazal socialista, después de descubrir que en los símbolos está la clave del Vecino del Norte, como nos lo muestra el amigo Brown en **"El Símbolo Perdido"**.

Es así como, en la mejor tradición de un Nostradamus moderno, me encerré en mi Bunker para escudriñar símbolos, fue entonces cuando encontré una clave, un mensaje que se viene transmitiendo desde 1864 y que nos da una pista del perpetuo desorden en el que estamos sumidos.

El Escudo Nacional…

Desde 1864 hasta la fecha han existido 3 "**Escudos Nacionales**".

Es importante resaltar que, desde esa fecha, todo el que ganaba una guerra, una pugna política o una "revolución" le ponía un adornito nuevo al escudo, que si cambiaban fechas, tonos, colores de las cintas, inscripciones, y demás tal y como lo ilustro en el cuadro comparativo al inicio del artículo original (http://unaaventurallamadavida.blogspot.com/2013/11/el-simbolo-perdido-y-el-caballo-loco_8.html).

Sin embargo, lejos está de mí entrar en una diatriba histórica, ya que me considero más "Curioso" (como esos que te leen el futuro, viéndote los restos en el frasquito), que historiador.

El símbolo claro, preciso, la pista clave, el mensaje velado y a la vez a la vista, que resume nuestro pasado, refleja nuestro presente y sentencia nuestro futuro, está de ante ojito es… ¡"**El Caballo**"!!!

Efectivamente, miren al caballo. (Tiempo para que lo miren…) Desde 1864, el blanco corcel vaga sin rumbo fijo, indeciso, sin dirección aparente y hasta me atrevo a pensar que anda en círculo.

Así es, la figura de un caballo indómito, blanco, emblema de la independencia y de la libertad, vaga desde hace más de 100 años sin rumbo fijo. Arrancó en una dirección, después miró para atrás y se devolvió. Usted, amigo lector sabe muy bien lo que dice el dicho… "Burro que se devuelve se esnuca".

Y de burro a caballo…

En fin, ante la fuerza de los eventos actuales no tengo más argumento que dar sino que, Venezuela se ha "**Esnucao**"…

La libertad no es un canto o una bandera, no es poesía y menos un caballo desbocado. La libertad tiene que estar basada en principios, en valores fundamentados en el bien mayor, en la igualdad de oportunidades, pero nunca puede ser concebida dentro de ideología alguna, porque la libertad no necesita de explicaciones.

La libertad es un gran poder y un derecho contemplado en todas las leyes que fundamentan la identidad del ser humano. Pero como un gran poder, la libertad está cargada de responsabilidades.

Para no extenderme en verborrea inútil… mi libertad termina en donde comienza la tuya. Mi libertad limita al norte, sur, este y oeste con mi pared que también es la tuya, por arriba termina con mi techo que es tu piso y por debajo llega a mi piso que es tu techo.

Venezolanos, Venezolanas… distraídos todos, la lucha no es por vivir como un caballo desbocado, la lucha es por vivir en un país lleno de oportunidades que nos permitan a todos por igual a aspirar a lo que nuestras capacidades, esfuerzos y trabajos nos permitan.

Los liderazgos mesiánicos están llenos de aire, puro trueno y relámpago, debemos encontrar y exigir respuestas, ya está bueno de esperanzas.

Necesitamos Jinetes que lleven el caballo a destino seguro, ya basta de dueños de hacienda, con mucho caballo suelto dentro de un enorme corral.

Es tiempo de cambiar, desde lo más profundo de nuestra esencia, levantarnos de nuestra miseria mental, para erigirnos como verdaderos ciudadanos. Hermanos, tomemos las riendas del corcel de nuestra vida y aprendamos a guiarlos a un buen destino, esa es nuestra primera responsabilidad.

Si nuestras autoridades no tienen respuestas... VENEZUELA... RECUERDA AL RUCIO MORO...

La Muerte del Rucio Moro
https://www.youtube.com/watch?v=ax4KCpfoPRg
Un Saludo al Maestro y tocayo Reinaldo Armas!

#HeDicho

Publicado el 8 de Noviembre del 2013.
http://unaaventurallamadavida.blogspot.com/2013/11/el-simbolo-perdido-y-el-caballo-loco_8.html

CAPÍTULO 6

PATENTE DE CORSARIO DEL SIGLO XXI

No puedo negar que mi niñez siempre estuvo llena de aventuras de Piratas y Corsarios, más de una vez luché con valor en la Proa del mueble de la sala, en otras ocasiones abordé la cama de mi hermano con sogas amarradas al mástil mayor de la litera y hasta en una oportunidad naufragué en la mesa del comedor... aún mi trasero recuerda los latigazos recibidos por la infame correa del "Gobernador de Cartagena"... mi mamá.

Ya más grande y a punto de cambiar la voz, la casa de la playa se convirtió en el escenario de mis nuevas aventuras, debido a mi tamaño (siempre fui el último de la cola del colegio) y capacidad destructiva, era perseguido en los pueblos costeros llamados "mi casa", en donde mi actividad bucanera había quedado proscrita.

El tiempo pasó y mi pasión se trasladó a los libros, Piratas, Corsarios y Bucaneros se mezclaban en mi mente adolescente, influyendo enormemente en mi pasión por el mar y la aventura.

Usted que me lee, no se imagina la emoción que sentí al descubrir, que aquellos seres casi mitológicos, habían cruzado los mismos mares que yo recorría, tanto "El Olones" como el mismísimo Henry Morgan habían saqueado Maracaibo. En 1576 el capitán Baker incendió Pampatar, para que al poco tiempo se presentara el temido "Sacripante", otro pirata francés que logró llegar hasta la Asunción. El refinado Francis Drake llegó en 1593, su ataque contra el Guamache, duró dos días hasta que comenzaron a desembarcar las feroces jaurías de piratas. Según cuenta la leyenda, en ese preciso momento, los colonos invocaron a la Virgen del Rosario y ésta hizo el milagro: los pillos regresaron a sus barcos. En recuerdo de este hecho, el 29 Septiembre de cada año, el pueblo del Guamache agradece a la Virgen dicho milagro. Por ahí hasta dicen que, Drake, el legendario Almirante Ingles y corsario, paseó por las calles de La Guaira... mucho antes de ser Estado Vargas...

En 1595, apareció frente a Pampatar la flota del temible Sir Walter

Raleigh, terrible corsario y hombre de confianza de la reina de Inglaterra, el mismito que puso su capa en el charco para que la Reina pasara, andaba por estos mares y por el Río Orinoco buscando "El Dorado".

Corsario… vaya palabra… con el tiempo aprendí a diferenciar al vulgar Pirata, del Bucanero y del refinado "Corsario".

Digo refinado, porque este era un título otorgado por la reina. Resulta ser que, la "Patente de Corso" era un documento entregado por los monarcas de las naciones o los alcaldes de las ciudades por el cual, el propietario de un navío tenía permiso para atacar barcos y poblaciones de naciones enemigas; de esta forma, el propietario se convertía en parte de la marina del país.

Dicha práctica fue utilizada por Francia e Inglaterra ampliamente y España hizo uso de ellas muy tardíamente y en pocas ocasiones.

Debo reconocer que mientras más conocía estas historias, más se diluía el romanticismo bajo el peso del robo, la masacre, el pillaje, y el saqueo institucionalizado, los cuales creí abolidos en 1856 con el Tratado de París, que dio fin a la guerra de Crimea.

Nada más alejado de la realidad, cuando en la madrugada de aquel sábado 9 de Noviembre del 2013, mi cuñado me envía fotografías de gente aglomerada en los alrededores de la famosa tienda de electrodomésticos **DAKA** en Valencia.

Aún al amanecer, no entendía muy bien lo que sucedía, cuando la vigilancia de la residencia nos advertía de detonaciones en la cercana tienda y posibles saqueos.

Saqueos… terrible palabra que arrastraba mi mente a los aciagos momentos vividos en el año 1989 y recordados tristemente como "El Caracazo". Aún pasarían años cuando al grito criminal de "Saqueos", caían abruptamente las Santamarías del centro de Caracas, aunque de falsas alarmas se tratasen.

Debo reconocer que mi optimismo me impedía pensar que esta escena era posible, por lo cual, me quité el pijama y me fui con mi cuñado a ver la realidad del "Rumor".

Efectivamente, con mis propios ojos pude contemplar la verdad de los acontecimientos, en @Instagram coloqué fotos, las cuales, tristemente mostraban la toma militar de las instalaciones, para protegerla de los delincuentes bautizados como "Pueblo", mientras las fotografías de algunos miembros de las fuerzas de seguridad del estado, rodaban por la web, aprovechando la ocasión para apropiarse de Televisores Pantalla Plana, entre otros artículos.

Muy lejos había quedado el Tratado de París, al bravucón grito de "¡Vacíen los Anaqueles!", el "Presidente" Nicolás I, expedía una masiva "Patente de Corso" en su Guerra contra la "especulación" (ahora en nuestro país todo está entre comillas).

Caracas, Upata, San Felix, Puerto La Cruz, Maracaibo, entre otras ciudades se vieron víctimas del ataque Corsario; a la prensa se le prohibió el uso de la palabra "Saqueo" amaneciendo con titulares que hablaban de "Situaciones Irregulares", en otro claro ataque a la libertad de expresión.

Antes de perder el control de la situación, su majestad, aún con la antorcha en la mano, ordenó a las instituciones encargadas de velar por el cumplimiento de las leyes comerciales del país, las mismas que poseen desde hace 15 años los mecanismos legales e institucionales para hacer cumplir dicha Legislación y Constitución Nacional, a dirigir el ataque al comercio y organizar el pillaje. A partir de aquí, cuanta tela por cortar.

Podría escribir páginas y páginas de culpas, errores y malas políticas que ha resumidas cuentas, economistas de bando y bando han podido desplegar en la triste semana recorrida desde la vuelta del Corsario.

Mientras camino por las calles de Caracas, veo los negocios de electrodomésticos con grandes colas de gente, esperando para llevarse artículos de lujo a precio de gallina flaca; Y me pregunto, ¿Quién está en la cola?

Yo no me puedo poner en esa cola, primero, tengo que trabajar, mi esposa tampoco, ella también tiene que trabajar. Y de paso no tengo recursos para comprar un PLASMA "barato". No son tiempos de ahorro, vivimos tiempos de crisis.

Tiempos en los cuales los artículos de alimentación básica, aceites, azúcar, harina, café, entre otros escasean. Y en donde son amenazados los medios que hablen de escasez.

Si hasta me quedé sin el café con leche mañanero, porque en verdad no tengo tiempo de buscar y hacer la cola para comprar un paquete de leche en polvo, si hasta la líquida desapareció hace rato.

Permanezco entre una muchedumbre de mala calaña, frente a un famoso negocio de electrodomésticos en Chacao, al Este de Caracas, cuando escucho la siguiente conversación:

"A mí me va a pagar 3.000 bolívares por cada Televisor ¿y a ti?

En ese momento, la sensación de Pelabolismo Total se alejó de mí, encontré la más clara y diáfana respuesta, las Mafias de revendedores serán los grandes ganadores.

El mismo portal de compra y venta, que el "Presidente" atacaba por especulador, exhibe, artículos productos de la piratería institucionalizada a precios nada solidarios… o socialistas, puej.

Y ahora se extiende el ataque a Ferreterías, ropa, calzado, celulares, etc… etc…

En donde las mafias de la Buhonería serán los grandes campeones.

El viernes pasado mi esposa fue al Sambil de Caracas, anormalmente lleno para ser un día de semana. Entró a una conocida tienda de ropa y cuando está por pagar se presenta un funcionario del INDEPABIS preguntando por el Gerente, al cual le interroga acerca del ajuste a los precios de los artículos; el Gerente responde, que los mismos ya se realizaron según lo indicado por el gobierno, hacia abajo.

La siguiente pregunta sorprende a mi atribulada consorte, "¿Por qué se encuentra la Santamaría a medio abrir?" mi esposa se sorprende al girar la cabeza y ver la Santamaría en ese estado. El Gerente responde, sin alteración que se debe a que a la entrada del funcionario, se ha aglomerado un gran número de personas al frente del local.

El "Funcionario" le recomienda abrir las puertas y contratar más vigilancia si no quiere ser sancionado.

A la salida, mi esposa no puede ocultar su desagrado al observar la hueste de personas mal encaradas al acecho del local. Manada de Lampreas que van pegadas a los funcionarios siguiéndoles a cuanto local visitan…

En este momento, leo noticias, escucho rumores, un enrarecido aire se respira en la patria del Bolívar devaluado.

Inseguridad, escases y una enorme carencia de Valores y Dignidad embarga los corazones del otrora pueblo de Libertadores.

Dicen que todo hombre tiene su precio, lo que nunca me imaginé es que ese precio llegara a estar tan bajo. Mientras las élites gobierneras viven en un relajo capitalista, el pueblo se distrae en el "Saqueo", "Pillaje", "Piratería Corsaria Institucionalizada".

Un ataque al empresario… Una guerra económica… ¿Pero no es empresaria la señora Juanita y su venta de empanadas, en la Plaza frente a la Iglesia del Valle en Margarita, que se ha visto obligada a reducir la jornada por falta de harina? ¿O Doña Purita, que no consigue botones para seguir con su pequeño negocio de costura? ¿O el amigo Zapatero que dejó de venir porque no consigue insumos para realizar su trabajo?

Tú, yo, nosotros, no vivimos de política, porque la mayoría de la gente honesta de esta nación, vive de su trabajo, vive del esfuerzo que hacemos día a día para obtener las cosas que necesitamos, las cosas que queremos.

Somos la mayoría silenciosa, pero no por eso inactiva, que día a día mantiene sus sueños enfocados en su trabajo, sin pedir más que la oportunidad de hacer lo que sabemos hacer.

Es que Venezuela no es solo tierra, mar y cielo. Venezuela es gente, tú y yo somos PATRIA y tenemos el derecho de vivir aquí. Es una PATRIA tan grande, que por décadas miles de extranjeros han querido ser parte de esta tierra de gracia. Muchos de ellos se unieron a nosotros como hermanos a luchar hombro con hombro para desarrollar una Nación dispuesta a dar la cara al futuro. Ahora, la bota extranjera indigna, que siempre ha rondado nuestros cielos con ganas de depredar nuestra patria, está presente por obra de la traición. La "Patente de Corso" que hoy le entregan a una partida del "Pueblo", tiene 15 años siendo otorgada a Cubanos, Rusos, Bielorrusos, Chinos, Iraníes, Nicaragüenses, Bolivianos, Colombianos de las FARC,

Argentinos y la lista sigue (Saqueadores todos, puej)… Y esos reciben el botín en Oro, Petróleo y Dólares.

Si tanta gente en el mundo, está dispuesta a hacer lo que sea para obtener algo de nosotros, ¿cómo es posible que no nos demos cuenta de lo maravilloso que es vivir en esta tierra??? No hay nada que no tengamos, y aun así, somos incapaces de disfrutar, de hacer crecer, de multiplicar, porque solo hemos aprendido a dividir… y lo hemos aprendido tan bien que nos hemos convertido en un pueblo dividido y fácil de dominar.

¡Compatriotas! ¡Desde esta tribuna les hago un llamado! ¡Es más, les grito!

¡AÚN ESTAMOS AQUÍ, AUN ESTAMOS VIVOS Y TENEMOS QUE RECLAMAR EL DERECHO A VIVIR EN NUESTRA VENEZUELA!

¡HOY ESTÁ EN JUEGO EL SIMPLE DERECHO A VIVIR!

¡HOY GRITO AL CORAZÓN DEL PUEBLO HONESTO, A LOS HIJOS DE BOLIVAR, A LOS DESCENDIENTES DE LOS LIBERTADORES DEL NORTE, DEL SUR, DE ORIENTE Y OCCIDENTE, QUE HA LLEGADO EL MOMENTO DE LUCHAR POR NUESTRA EXISTENCIA, POR NUESTRA PERMANENCIA EN LA TIERRA QUE NOS VIO NACER!

¡HA LLEGADO EL MOMENTO DE NUESTRA INDEPENDENCIA!!!

¡ABAJO LA TIRANÍA CORSARIA, CARAJO Y ADELANTE VENEZUELA!!!

P.D. Al Cierre de esta edición, su majestad es nombrado y "Habilitado" Rey de los Piratas…

Publicado el 20 de Noviembre del 2013
http://unaaventurallamadavida.blogspot.com/2013/11/patente-de-corsario-del-siglo-xxi.html

CAPÍTULO 7

UNA HISTORIA DE NAVIDAD EN #8D

Corría el año 2001, y en medio de la vorágine de una ley habilitante, empresarios molestos y un país que se convulsionaba cada día más, recibíamos una mala noticia, mi Padre tenía un tumor en el intestino y había que operarle de urgencia. Y ese es el asunto de las malas noticias... son personales, las cosas pasan y solo al pequeño grupo a nuestro alrededor se nos mueve el piso, para nosotros, se congela el tiempo, mientras el mundo sigue en su continuo girar.

En medio de rumores de paro, acompañaba a mi papá a visitar al Oncólogo, quien "claro y raspao" nos sentenció... "No se ve nada bueno"...

Mientras los ánimos en la calle se caldeaban, no podía imaginar que ese noviembre se convertiría en mi peor pesadilla, mi papá tiene cáncer... carajo... que palabra más ruda. Era Mí Papá... mi mejor amigo, el compañero inseparable que me infundió los valores, los sueños que hoy me acompañan... Mi Papá... el inmortal...

A finales de Noviembre del 2001, la Oposición política, acompañada de los empresarios, sindicatos y pueblo, daba un ultimátum al gobierno, este último se afianzaba en lo que hoy conocemos como una dictadura constitucional o Socialismo del Siglo XXI (cosa de semántica), mientras tanto, operaban a mi padre.

Lo que parecía una simple extracción de un tumor se complica, un sangrado extremo obliga a los médicos a convertir una laparoscopia en una operación a "Barriga Abierta", la operación de 4 horas se extiende, la angustia nos corroía el alma, sin saber del duelo que llevaba a cabo el equipo médico contra la muerte.

A los rezos de mi mamá, se unían las plegarias de una nación dividida, que se debatía entre las mentiras, de parte y parte, el desengaño de gobiernos anteriores habían creado el caldo perfecto para el renacimiento de la esperanza en un sector del pueblo abandonado, ignorado y que ahora por primera vez, se sentía parte de una nación… perfecta situación para un perfecto engaño.

Casi 9 horas después, aparece Jhonny, el cirujano… con rostro cansado y desencajado (es tan fácil siempre pensar lo peor) asoma una sonrisa, y nos anuncia.- "Poleo dio la pelea, fue difícil pero sobrevivió, ahora a esperar la biopsia". Debo reconocer que no me convencía, esperé a que se alejara de todos y le seguí. Jhonny me llevó a un rincón y me contó cómo había tenido que soltar la filmadora de lo que parecía una operación perfecta, para atender a un sangrado masivo. Qué ironía, mientras mi papá se debatía entre la vida y la muerte, la nación se debatía entre la Democracia y el Socialismo del Siglo XXI, sistema en el cual, un partido tiene todos los poderes a su entera disposición. ¡Servilismo a la carta, puej, un tumor nacional! ¡Para decirlo en 2 platos!

Continuó contándome que había extraído un tumor de 12 cm. Altamente vascularizado… Un tumor asintomático, un asesino silente que crecía dentro de mi padre, alimentado de todo lo que tenía a su alrededor que no pudo ser extraído sin poner en riesgo a su huésped, sin bañar en sangre las entrañas de mi viejo. Pero Poleo sobrevivió, maltrecho, pálido como una hoja de papel, y con una gran cicatriz, había sobrevivido; la pericia, el buen equipamiento y la mano de Dios intervinieron para que pasara ese rudo momento, ahora faltaba la biopsia, pero ya Jhonny me había anunciado en voz lúgubre… "No es bueno, lo que saqué no es nada bueno"…

El mismo día en que se anunciaba un Paro General por 24 horas, salía del Hospital de Clínicas Caracas con mi maltrecho Padre. Hordas de Motorizados Chavistas se reunían frente a la Quinta Anauco para enfrentar lo que se conocería como "La Mayor Huelga de América Latina".

Día a día la huelga se extendía por 24 horas más, hasta que el 5 de Diciembre, la tripulación del Buque Petrolero, Pílin León se declaró en rebeldía y fondeó el buque en el canal de navegación del lago de Maracaibo. Pronto otras embarcaciones —que transportaban el petróleo y sus derivados desde los pozos de extracción a las refinerías o desde éstas hacia los puntos de distribución o hacia otros países— siguieron su ejemplo. Comenzaba el "Paro Petrolero".

En poco tiempo las bombas de Gasolina se quedaban sin inventario, 2 días estuve parado en una cola para llenar el tanque; se vislumbraba una Navidad difícil, negocios cerrados, vías cerradas y escases de combustibles hacían difícil la movilización.

Mientras tanto, mi calvario personal continuaba, mientras mi papá se recuperaba "a paso de vencedores", el peso del secreto me mataba, me negaba a anunciar a mi familia la impresión del médico; con todo mi corazón no dejaba de pedir a mi Dios y hasta mover a todos mis ancestros, para que NO fuera maligno.

Entre angustias, paro nacional, sonrisas forzadas y la creciente tristeza de lo que parecía una lamentable navidad, llegó el día en el cual debía llamar al Médico a conocer los resultados... Tumor Carcinoide Encapsulado... no requería tratamiento, solo observación. De palabras del propio Médico "era un milagro".

En esa Navidad, no hubo regalos, no hubo estrenos, una cena frugal, curiosamente una alta asistencia a la misa de Gallo.

En esa navidad, el niño nació y mi papá tuvo otra oportunidad, fueron momentos de Dominó en la cola de gasolina, de compartir lo que teníamos con los vecinos, de sentirnos orgullosos de sacrificar nuestro acostumbrado bochinche, por un bien mayor... ¡La Patria!!!

Así también llegó el Feliz Año, tranquilos, en casa, y por primera vez en mi vida lo recibimos abrazados a los vecinos, ondeando nuestra bandera de 7 orgullosas estrellas y cantando el Himno Nacional... ¡Venezuela, una vez más, seguía el ejemplo que Caracas dio!

Lo que siguió después ya es historia pasada y pisada, historia bañada de sangre, traición y mezquindad.

No sé si fue por lo de mi papá o que simplemente nos permitimos vivir una Navidad sin egoísmos, unidos, abrazados, sin distracciones, sin lujos... pero para mí... fue la mejor navidad de mi vida.

Este 5 de Diciembre del 2013, 12 años después de aquellos acontecimientos, comenzamos el mes con los "Anaqueles Vacíos" de las tiendas, tras la declaración de guerra del usurpador, al propio pueblo.

La ignorancia vestida de hambre de electrodomésticos, ropa, artículos de ferretería y demás cachivaches, abandona las colas que hacía, para conseguir, harina, café, azúcar, papel sanitario, entre otras cosas más necesarias, para correr a la ganga ofrecida por la ignorancia gubernamental, compradora de votos y conciencias.

Pobre pueblo, que está dejando a sus hijos sin trabajos, porque el comerciante no les va a poder garantizar el empleo en sus tiendas. Como sucedió con todas las expropiaciones forzadas y que tan bien explica la estimada Martha Colmenares en su Blog,

http://www.marthacolmenares.com/2010/12/28/category/venezuela-2/expropiaciones/

Venezuela TIENE un tumor, ya se trató de extraer en el pasado, pero la impericia del cirujano no logró la cura radical. Es un TUMOR bastante vascularizado ya que el solo intento por extirparlo, devino en una terrible hemorragia a la patria.

Hoy día, la mayoría de los venezolanos opuestos al régimen, hemos acompañado a un nuevo equipo de cirujanos, los cuales se han empeñado en extirpar la enfermedad por laparoscopia, en forma limpia, certera y evitando comprometer a la menor cantidad de órganos posibles.

La creciente conciencia de una amplia mayoría del país, esa que no sale retratada haciendo una cola para llevarse un TV de Plasma "De primera necesidad", en un país sin luz, demuestra que la metástasis de este sistema corrupto, del cáncer social inoculado en el "Nuevo Hombre", se encuentra en franco retroceso.

Pero la lucha NO puede ser solo de ese equipo, porque hace falta el concurso de TODOS y cada uno de los venezolanos que amamos y nos quedamos en este país.

Y si este equipo nos pide que confiemos en ellos, es nuestro deber seguir la senda que han trabajado durante todos estos años, en los cuales han expuesto su integridad física, moral y familiar.

No busquemos atajos, no aspiremos a una operación de "Barriga Abierta", porque la hemorragia puede ser fatal y definitiva. La sangre derramada no es ajena a ninguno de nosotros, puede ser la de tu hijo, tu hermano, tu vecino, la tuya, la mía.

No estoy dispuesto a perder a mi papá por buscar más revoluciones, 12 años han pasado y la terrible cicatriz en la Panza de mi papá no me permite olvidar tan terrible momento, ya más nunca se bañó en la playa sin franela, a él no le gusta la marca, como a mí no me gustará nunca recordar que el futuro se regó con sangre Venezolana, una vez más.

Lo que se obtiene del dolor ajeno, siempre causará dolor.

Este 8 de Diciembre iré a votar, tal y como me lo ha pedido el equipo de cirujanos que tratan de extirpar este mal, agradecido a Dios acudiré a las urnas, una vez más, contra la trampa, contra el ventajismo, contra el miedo y la amenaza. Iré a votar con mi esposa, mi madre y mi Papá.

Este 8 de Diciembre, una vez más me mancharé el meñique de orgullo, de patria, de una firme creencia de que hemos de luchar por los caminos de la paz, de que vamos a enseñarle al mundo que agotamos todos los intentos para obtener una patria de Paz y Justicia.

¡Prefiero un meñique con tinta que las manos con sangre!

Lo demostramos en Abril y lo demostraremos en Diciembre.

Esta es una tierra de gracia y Dios está con la causa de la Paz y la Justicia.

Venezolano, venezolana, haz tu parte… y roguemos al Dios en que crea cada uno, porque nunca tengamos que ser testigos de una cirugía mayor.

Espero no se equivoquen, una vez más… porque los pueblos son capaces de sangrientas cirugías.

Dios nos bendiga, Dios nos proteja.

Y como decía Santa Teresa de Jesús:

Nada te turbe,
Nada te espante,
Todo se pasa,
Dios no se muda.

La paciencia
Todo lo alcanza;
Quien a Dios tiene
Nada le falta:
Sólo Dios basta.
Eleva el pensamiento,
Al cielo sube,
Por nada te acongojes,
Nada te turbe.
A Jesucristo sigue
Con pecho grande,
Y, venga lo que venga,
Nada te espante.
¿Ves la gloria del mundo
Es gloria vana;
Nada tiene de estable,
Todo se pasa.
Aspira a lo celeste,
Que siempre dura;
Fiel y rico en promesas,
Dios no se muda.
Ámala cual merece
Bondad inmensa;
Pero no hay amor fino
Sin la paciencia.
Confianza y fe viva
Mantenga el alma,
Que quien cree y espera
Todo lo alcanza.
Del infierno acosado
Aunque se viere,
Burlará sus furores
Quien a Dios tiene.
Vénganle desamparos,
Cruces, desgracias;
Siendo Dios su tesoro,
Nada le falta.
Id, pues, bienes del mundo;
Id, dichas vanas;
Aunque todo lo pierda,
Sólo Dios basta.

Y en su nombre nos leeremos la semana que viene.

¡Dios y Federación!

Publicado el 5 de Diciembre del 2013
http://unaaventurallamadavida.blogspot.com/2013/12/una-historia-de-navidad-8d.html

CAPÍTULO 8

RESPONDIENDO PETICIONES 8D

Ya han pasado varios días de la pantomima más desequilibrada de los últimos tiempos, cumplí con mi deber ciudadano de participar y apenas me despierto de la resaca electoral, cuando descubro que el gobierno decidió que yo, junto con la otra mitad de votantes, estábamos pelados (los que se abstuvieron cuentan mucho menos).

Resulta ser que el "Reconocimiento de los Resultados" y "Los Diálogos" eran con los adeptos a la Revergación Burrivariana.

A mis coterráneos, fieles creyentes en la democracia participativa (cosa que comparto antes de toda otra invención fumada), les he visto pasar por todas las etapa del duelo, en muy pocos días... cosa que considero muy buena, porque una vez superadas, el alma se centra en continuar.

Nos vi en negación (FRAUDEEE), pasamos por la ira (A LAS CAAALLEEEEES), luego negociamos (HACEMOS UN LLAMADO AL DIALOGO, decían unos..."SI ME RECONOCEN LES RECONOZCO", decían otros...), los leí deprimidos (yéndose del país, esto se fregó, ahora viene lo bueno, RADICALIZACIOOON) hasta que SIMPLEMENTE lo aceptamos...

El tumor no avanzó, (les sugiero que lean mi artículo en el libro anterior o en: http://unaaventurallamadavida.blogspot.com/2013/12/una-historia-de-navidad-8d.html)

A pesar de haberse comportado inusitadamente agresivo, fue contenido... al parecer ha sido aislado a la periferia... curiosamente a los lugares más golpeados por esta depresión.

Perdió en las alcaldías, en donde el populismo fue desbordado y ahora me pregunto... ¿en la provincia, en los barrios, ganó el pueblo o la maquinaria?

La corrupción es un amo difícil de controlar y crea una zona muy gris entre el vivo y el delincuente... y aquí ambos están armados y buscando su parcela. Ahora bien, esa llama se apaga de una sola forma... quitándole el oxígeno y eso se logra, sofocándolo o creando una explosión que absorba el oxígeno.

Elecciones no es democracia... pero solo jugando el juego democrático es que podemos aspirar a un sistema estable que permita el progreso, el cambio perdurable y eso es dogma científico.

La primera opción es masiva, lenta pero salva la infraestructura... lo cual hace la reconstrucción más económica y rápida.

La segunda ni siquiera deja garantía alguna para reconstruir...

No midamos los acontecimientos por la medida de nuestro tiempo, las grandes cosas tienen una medida diferente a nuestra propia temporalidad, cuando la vida entera de la Mosca transcurre en 20 días, en la nuestra es solo un fragmento; ese es el tiempo que transcurro en la cola de Caracas en unos 6 meses, aproximadamente. Imaginen los acontecimientos de la historia.

Por ejemplo, ¿sabía usted que los Dinosaurios vivieron por 160 millones de año sobre el planeta, antes de su extinción? ¿Y que nosotros solo tenemos 3 millones de años en el planeta? Me temo que Dios fue primero reptil...

Demostrado el punto de nuestra temporalidad, volvamos a nuestra situación.

¿Qué Pasó?

¡Más que una pregunta, parece un chiste, el sorprendido debe ser de los que está esperando que el Ávila se abra y entre el mar!

15 años chupando, no se botan fáciles por la ventana. Un gobierno con instituciones de diferentes nombres y poderes unificados, amedrentamiento de propios y opositores, un monstruo propagandístico y doctrinal abusivo, monumental, unas fuerzas armadas "Homerizadas" y plegada a la gran Rosquilla Gubernamental... ¡Du!...

De paso, ante la desaparición de la empresa privada, más y más venezolanos, venezolanas, venezolanitos y afines, dependen del trabajo directo e indirecto en las instituciones públicas, en las que el aparato comunista de propaganda y amenaza es el pan de cada día.

Pasó también, que hay gente que endiosó al difunto, al hombre que no les dio mucho, pero les dio lo más importante... identidad.

15 años creando una maquinaria que monopoliza el tiempo, la gente y aceitada con TODOS los recursos para ganar elecciones y pintar al absolutismo de democracia... no es fácil de derrotar.

Pasó que el estado comenzó a pagar utilidades a ese gentío y le tiró un atraco al comerciante venezolano, organizando un saqueo legal, cuando el estado ha tenido SIEMPRE, las herramientas para controlar la especulación y, para el pueblo humilde e ignorante, el cual DEBE seguir humilde e ignorante, eso ganó las simpatías al usurpador. Vale la pena recordar que la existencia de este tipo de régimen, depende de la miseria, la esperanza, y la esperanza es un gran aliciente de la miseria en un eterno círculo vicioso.

¡No hay Chavismo sin Miseria!

Cómo explicar 833.000 votos nulos, cuando bien sabemos que la auditoría es según la normativa o lo que se le ocurra en el camino al árbitro, basta recordar la auditoría presidencial. Sólo imaginen, que Empresas Polar, por ejemplo, fueran sus propios auditores, los que rindieran los informes definitivos al fisco y sin derecho a réplica. A los que usan como excusa, la complejidad del proceso, les recuerdo que fue igualito en el 2008, a menos que reconozcamos que el venezolano se ha hecho más bruto en 5 años.

Por cierto, aún me cuesta creer que el pueblo utilizara mayoritariamente, el voto cruzado, en lugar de utilizar la opción de Votar Todo.

De igual forma, es importante destacar, que una maquinaria capaz de moverse hasta lo más recóndito de la nación, es muy costosa; costos por "la oferta" al electorado, como la "oferta" a que los ciudadanos salgan de su situación de espera por mesías y lleven a cabo "algún" deber partidista. Dudo mucho que la oposición tuviera "El Pulmón" para controlar todo. Según vimos, los recursos se utilizaron para mover al Portaviones (Léase el flaco) a fin de alcanzar el importante resultado que se obtuvo en los principales núcleos de la nación.

¿Se perdieron alcaldías? ¡Claro! En esta pelea desigual, el ciudadano se estaba jugando al personaje de gobierno más cercano a él, el alcalde. Gracias a la desvirtualización de la democracia, los candidatos son impuestos por partidos y la oposición, como ORGANIZACIÓN aglutinada alrededor de un partido único llamado MUD (respuesta casi proporcional a la imposición del partido único PSUV) no puede abarcar todo el aspecto nacional, por las mismas razones anteriormente señalada, por lo cual le es fácil caer, por falta de supervisión a la gestión de sus representantes en el interior, por recoger candidatos con triunfos añejos, por pagar deudas, por arriesgar, por falta de recursos, por el cometa Halley... por tantas cosas que seguramente se jugaron y se perdieron.

Nadie necesita cantar fraude, el descarado ventajismo, el uso indiscriminado de nuestros recursos para el apoyo de los candidatos rojos, el amedrentamiento, la coacción y la amenaza, son elementos públicos y notorios. El Presidente Capriles lo dijo, "El Pueblo no necesita ningún líder para cobrar lo que considere que se le debe"... Porque autoridades imparciales NO HAY... y lamentablemente, Bravo Pueblo, tampoco...

Los representantes del Abstencionismo, sencillamente siguen siendo, el mismo pueblo de siempre, pocos más, pocos menos. Es el Pueblo "Suizo" que espera a que las cosas se solucionen como sucede en la madre "Suiza".

NO hay votos dignos ni indignos, solo hay votos, y resaltar las condiciones adversas de la contienda, hubiera significado la excusa perfecta para que otro grupo simplemente no votara. No terminamos de entender que el problema no es una Organización, el problema somos cada uno de nosotros. Los Venezolanos hemos demostrado una capacidad infinita de crear explicaciones a nuestras deficiencias individuales o la de nuestros seres queridos, el niño no es que robó… es que tenía hambre.

Vale la pena recordar, que la última vez que se llamó a protestar con el voto, estuvimos ausentes en la Asamblea por mucho tiempo y no es que actualmente tengamos una gran representación, pero ha demostrado ser un delicado y valiente muro de contención… de lo contrario no habrían tenido que hundirse tanto en la ilegalidad, para sacar a nuestros diputados del medio y así convalidar sus marramuncias.

El venezolano ha demostrado ser sordo cuando le conviene o mientras no le toquen la parcela.

No busquemos culpable fuera de cada uno de nosotros, porque los que seguimos aquí, de una u otra forma seremos tocados por el efecto de las causas de nuestras acciones o por la falta de estas.

El Flaco ha demostrado ser un gran líder, un hombre luchador, valiente y preparado para gobernar la Venezuela del futuro, pero hay que recordar que para el pueblo sentimentalmente Chavista, sigue siendo el enemigo a derrotar, y eso no lo podremos cambiar en un pueblo que siente en lugar de pensar. El Flaco es pasado y FUTURO, pero debemos afrontar a un presente sin la imagen de un unificador.

El 13 de Diciembre ha sido decretada la Navidad, y si hay algo que el pueblo acata, son las fiestas y las vacaciones, la lucha queda suspendida hasta nuevo aviso…

Aunque para los valientes hombres y mujeres que desde sus alcaldías, han alzado la voz y reivindicado la lucha de la disidencia, les aseguro, pasarán sus fiestas en sus trincheras. Soportando la imposición de gobiernos creados a dedo por el ilegítimo, acostumbrado a la ilegitimidad y al desconocimiento de un pueblo dormido en el letargo del conformismo y la irresponsabilidad colectiva. No se equivoquen, Ledezma y Capriles han demostrado ser grandes Gerentes, un verdadero ejemplo de gestión y eficiencia a pesar del paralelismo impuesto. Por eso el pueblo les apoya contundentemente.

¡Qué Sinvergüenzas hemos resultado!.

¡Qué Vergüenza contigo Patria Querida, que vergüenza con nuestros Padres Fundadores!.

Ojalá mañana amanezcamos con las bolas de dar la cara por el futuro de nuestros hijos, en especial por dar la cara por el futuro MORAL, en donde se pueda fundar una Patria de hombres justos, de un glorioso y Bravo Pueblo.

Feliz Navidad…?????

¡SI, FELIZ NAVIDAD A LOS VENEZOLANOS COMPROMETIDOS CON EL CAMBIO Y QUE LOGRARON DEMOSTRAR, UNA VEZ MÁS, QUE SOMOS MAYORÍA!!!

Publicado el 13 de Diciembre del 2013
http://unaaventurallamadavida.blogspot.com/2013/12/respondie
ndo-peticiones-8d.html

CAPÍTULO 9

¡PERDIMOS JUDEA, PERO NACIÓ EL NIÑO!

Cuando en el año 63 a. C. el general Pompeyo Magno derrotó al rey Mitrídates VI del Ponto en su tercer alzamiento, Siria se convirtió en una provincia romana. A continuación, Pompeyo se dirigió a Judea para asegurar el área. Una vez allí, encontró a los hermanos Hircano y Aristóbulo, este último, que estaba sitiado por su hermano en Jerusalén, solicitó la intervención romana, ofreciéndole una recompensa a Pompeyo, "la cual aceptó". Luego Aristóbulo acusó a los romanos de extorsión, lo que originó que Pompeyo instalara en el trono a Hircano y desde entonces Judea y Galilea se volvió un reino clientelar de Roma, que si bien era independiente, estaba sujeto a la autoridad romana.

En el año 47 a. c. Antípatro sucedió a Hircano como procurador de Judea, siendo nombrado por Julio César. Al morir Antípatro en el 44 a. c., su hijo Herodes I el Grande, fue nombrado gobernador por el Senado Romano y rey de Judea en el 39 a. c., si bien empezó a reinar dos años después, durante su reinado, eliminó a varios miembros de los Macabeos, para asegurarse en el trono. Los romanos llamaron a Herodes «rey aliado y amigo del pueblo romano» (rex socius amicusque populi Romani). Si hubiesen tenido Petróleo, segurito que Herodes se los mandaba a sus amos y protectores.

El nombre Herodes no se refiere a un solo hombre, sino a una dinastía de reyes títeres de Roma.

Así tenemos que Herodes el Grande (rey de Judea entre 37 y 4 a.c.), fue el que fundó la dinastía de reyes títeres de Roma. Poco antes de su muerte, mandó a matar los niños varones alrededor de Belén (Mateo 2:1-19; Lucas 1:5). Herodes Antipas (el tetrarca de Galilea, 4 a.c.- 39 d.c.) Hijo de Herodes el grande, fue el que mató a Juan el Bautista por condenar su matrimonio con Herodías, esposa de Herodes Felipe. También fue Antipas quien presidió en un juicio a Cristo (Mateo 23:6-12). Herodes Agripa 1 (rey de Judea entre 37-44 D.C.) Nieto de Herodes el grande y medio sobrino de

Antipas, fue quién mató a Jacobo, encarceló a Pedro y fue muerto "comido por gusanos" (Hechos 12).

Flavio Josefo escribiría el siguiente relato acerca de la muerte de Herodes Agripa, el cual encaja con el relato que encontramos en la Biblia:

"Cuando Agripa llevaba tres años enteros gobernando en Judea, llegó a la ciudad de Cesárea, que en el pasado se llamaba la Torre de Estrato. Allí preparó una exposición en honor de Cesar, inaugurándolo como un festival para el Emperador. Y vinieron un gran número de oficiales de alto rango y condición. Al día siguiente, a la salida del sol, se puso una túnica toda ella de plata y caminó hacia el teatro. Entonces la plata brilló con todo su esplendor causando una especie de temor y de temblor en aquellos que estaban viendo el espectáculo. De inmediato la multitud llamó desde varios lugares, con palabras que en verdad no eran para su bien, tratándole como a Dios, y gritando: "En el pasado te hemos honrado como hombre, pero ahora te honramos con una naturaleza superior a la de cualquier mortal."

"El rey no reprendió, ni se mostró en desacuerdo con las lisonjas de la multitud....Sintió un agudo dolor abdominal, comenzando con un violento ataque....De modo que fue llevado rápidamente al palacio y se extendió por todas partes la noticia de que no tardaría mucho en morir....Y cuando hubo sufrido continuamente durante cinco días, a causa del dolor en el abdomen, murió a la edad de cincuenta y cuatro años, después de haber estado gobernando durante siete años."

Una vez más, Dios nos recordaba que somos simples mortales.

Dentro de ésta convulsionada época, en un país dividido por castas, regiones, religión y cuanta cosa existiera para separarles aún más, nace, cerca del portal de Belén, en un humilde establo, nada más y nada menos que el hijo de Dios, Jesús.

Sus padres en la tierra, una adolescente y un carpintero que cumplían con su deber, asistiendo a su centro de "votación" para ser censados.

Pelando bola y con su mujer preñada, el bueno de José fue a cumplir su deber ciudadano.

Y solo cumplir un deber, porque ahí no habían capta huellas, máquinas ni deditos morados.

El hecho es que Dios decide traer a su hijo en un pueblito, bastante histórico por cierto, ya que había sido la cuna de uno de los más grandes reyes o libertador del pueblo Judío, David. Claro está, en esa época, no había una moneda que se denominara el "David Fuerte", sino que se administraban con el Denario, moneda acuñada por el Imperio Romano, a través de los reyes títeres de la época. ¡Qué poco cambian las cosas a veces!

De ese humilde pesebre, vino a nuestras vidas un ser cuya presencia no ha sido fácil de borrar de la historia del hombre, su breve vida, 33 años, se convirtió en icono de justicia, paz y amor ejemplar.

En ese pesebre cayó una roca, cuyo eco se siente como una marejada en los corazones de los que creemos en la venida y en el legado del hijo de Dios, del Cristo, el Dios Vivo, que murió por nuestros pecados y resucitó por obra y gracia de Dios Padre.

En esta época tan especial, en donde nos preparamos para celebrar una vez más, la llegada del hijo de Dios, no puedo dejar a un lado mi propia humanidad. La realidad de mi ciudad, rodeada por la miseria física y mental. No puedo dejar de pensar en mi pueblo, en mi país, venido a menos por culpa de nuestra desidia y flojera. Puede ser que hasta por nuestra inocencia, bonachonería y confianza.

Nos dejamos quitar la identidad, nos cambiaron el nombre, el escudo y hasta la bandera. Comenzamos a llamar Patria Grande a un imperio caduco y la Pax Romana acabó gobernando y decidiendo a través de reyezuelos.

Nos volvieron pedigüeños cuando le cambiaron el nombre a la limosna y le llamaron misiones, nos vendieron los beneficios de la importación mientras se apagaban los campos y la producción nacional; dejamos de ser un pueblo para convertirnos en clases, en pobres y ricos, en judíos, cristianos y musulmanes, en blancos y afroamericanos, en burgueses y boliburgueses, en oficialismo y oposición, cuando antes solo éramos venezolanos. Nos dejamos enfrentar entre hermanos, padres e hijos olvidando que la familia es la "Célula fundamental de la sociedad".

Nos dejamos quitar la vida nocturna, el campo, las playas y la montaña, porque simplemente salir, se convirtió en riesgo de muerte.

Nos dejamos quitar la moneda, la televisión que nos gustaba, las noticias y las novelas.

Perdimos el derecho a elegir, porque aunque votemos, se impondrá el "Paralelismo de Estado" característico de un gobierno impropio, corrupto e ilegítimo.

Permitimos familias enlutadas y otras con la vida en vilo, por tener a un secuestrado o a un preso político... Ivan @Simonovis y los otros, clamo por su libertad!

Perdimos Judea, una vez más.

Pero lo único que no me han podido quitar, es al niño Jesús que vive y renace en mí todas las noches de Navidad.

Porque la vida en sí, es un milagro permanente.

Este año trabajamos más, pero nos fue bien porque tuvimos el milagro de la sabiduría, hicimos lo que teníamos que hacer, en el momento que se tenía que hacer y nunca bajamos la guardia, porque solo con trabajo duro se levantan las familias que nos acompañan en nuestro proyecto de vida.

Este año estuvimos sanos, después de casi morir deshidratado mi padre obtuvo la cura que le permite seguir luchando, que le permite ser mi mejor amigo y socio. Y todo esto sin ningún tipo de limitación.

Este año viajamos, aunque perdimos toda una tarde para pagar los Bs, 4,75 que nos excedimos del "Cupo de Viajero", pudimos respirar otros aires.

Este año vi, cientos de hermosos amaneceres, compartí 2 espectáculos geniales con "La Bicha y sus amigos" en El Hatillo, en un retorno maravilloso de mi querida Berenice Gomez. Conocí junto a ella mucha gente espectacular, fieles creyentes de la unidad, de la democracia y del progreso, gente con Fe en Venezuela, que se reinventa para seguir viviendo sin torcer las rodillas ante el poder creador de vasallos.

¡Disfruté del nacimiento de su nueva nieta con un nombre evocador y en el cual cada día creo más, Victoria!

Me reí a carcajadas con el Gordo Napoleón, admiré las genialidades de David Comedy y lloré con las esperanzas vestidas de predicciones de Aisha y Meredith.

Este año fui por primera vez a ver a "Laureano y Emilio", y me emocioné hasta la médula con el concierto navideño de Gaélica.

Este año fui padrino de mi Marcellita, disfruté mucho de mis sobrinas y sobrinos y celebré 20 años de Matrimonio con la mujer más maravillosa que he conocido. Conocí gente maravillosa del twitter, vi fotografías fantásticas en Instagram y tuve el placer de ver artículos de mi Blog al lado de artículos de gente valiosa, creadores de conciencia.

Este año mi Heroína trajo medallas en Gimnasia Artística para Venezuela desde los Bolivarianos y tuvo una destacada actuación en eventos internacionales, a pesar de todo y las adversidades.

Este año ganamos 2 elecciones que un día cobraremos, aunque principalmente, ganamos una conciencia, una consigna **¡SI SE PUEDE!**

Hoy como Venezolano me pongo de pie y le pido disculpa al motorizado, al camionetero, al taxista y al policía, por dejar de verles como otro venezolano que sufre igual o peor que yo las vicisitudes de nuestra realidad.

Les pido disculpa a todos ustedes por no escribir más, por no hacer más, por no trabajar más en lo que creo.

Pero por sobre todo le pido a ese niño en el que tanto creo que me perdone por mis pecados de OMISIÓN, por voltear la mirada y permitir que el mal ocurra.

Y a ustedes amigos lectores, familia, conocidos y desconocidos de Venezuela y el mundo, les deseo, puedan ver el mundo lleno de las oportunidades que yo veo, que vean la flor que brota de la basura, que vean más amaneceres, y disfruten de los atardeceres y que cada día se despierten pensando en qué se puede hacer mejor. Les deseo una sonrisa en cada momento de su vida, por más duro que parezca, porque les aseguro que hay alguien sonriendo en una situación peor.

Y que por sobre todas las cosas no esperen tanto recibir como dar, porque de esto se trata la Navidad, de dar...

Como me decía mi estimado Sacerdote Salesiano Jorge Oscar Sanoja (valioso muchacho que me llena de orgullo, como ha de llenar de orgullo al Petare que le vio nacer), "Navidad y Familia, tienen el mismo número de letras..."

FELIZ NAVIDAD FAMILIA Y QUE DIOS LES BENDIGA SIEMPRE

Se les quiere y gracias por quererme...

Publicado el 23 de Diciembre del 2013
http://unaaventurallamadavida.blogspot.com/2013/12/perdimos-judea-pero-nacio-el-nino.html

CAPÍTULO 10

¡Y AHORA MATARON A MÓNICA!!!

Regresar de unas vacaciones desde las paradisiacas playas, que pululan en nuestros Cayos cercanos a Chichiriviche y Tucacas, en el Estado Falcón de la República Bolivariana de Venezuela, se ha ido convirtiendo en toda una hazaña. Hasta los fines de semanas se ven afectados por el aparatoso retorno, plagado de embudos viales que junto a los operativos policiales y de seguridad urbana, devuelven al ciudadano el estrés dejado en el agua salada.

Definitivamente pareciera que el único lugar en donde somos una sola Venezuela, es en el caos. Las crisis se convierten en abuso, y el abuso tarde o temprano se transforma en crimen, porque para los que no están enterados el "Delito" se define como la acción o cosa que perjudica a alguien o algo.

La gráfica que acompaña a este artículo, en mi blog, es una expresión muy clara de lo que trato de resaltar.

Era la mañana del 4 de Enero del 2014, después de un merecido descanso, nos apresuramos a volver a casa desde las costas de Tucacas en el Estado Falcón, por supuesto, no éramos los únicos. En Venezuela existe una deuda con las vías, la gasolina barata y la falta de inversión en vialidad, ocasionan los comunes "atracones" en nuestras carreteras, principalmente por los embudos. Tres Canales convergen en uno solo creando el caldo perfecto para la aparición del "Vivo", despreciable "Alter Ego" implícito en la idiosincrasia de todos los que vivimos en este noble país.

El edificio que pueden observar es un módulo de la Policía Nacional, el funcionario recostado en la pared, con sus manos enfundadas en los bolsillo se ha ubicado para "observar", casi con curiosidad infantil, el caos reinante al final del Par Vial Tucacas-Morón. Tres vías convergiendo en una sola y aunado a esto dos vías Adicionales conformada por vehículos que han saltado a los laterales de tierra de la vía principal; en resumen, 5 vías contra una.

NO puedo negar, que el manifiesto abuso me hizo hervir la sangre, y al colocarme al lado del funcionario, le espeté:

.-¡ OFICIAL! ¡DETENGA ESTE ABUSO!!!

A lo que me contestó:

.- ¿Y qué quiere que haga???.- Se dio media vuelta y regresó a su guarida…

De más está contarles la tremenda cola para pasar por "El Palito", ni la cola que se hacía debajo del Distribuidor El Cambur, en la autopista Puerto Cabello- Valencia, originada por un comando de "Seguridad" de la Revolucionaria Guardia Nacional Bolivariana… O Guardia del Pueblo, como también les gusta ser reconocidos.

Quién podría imaginar, que apenas 2 días después, otra familia, tan familia como nosotros, era brutalmente asesinada, en esa misma autopista, muy cerca del fulano Distribuidor, del ya conocido Callejón de la Muerte y pateadero de conocidos delincuentes de la zona, los cuales se han visto beneficiado en múltiples oportunidades por la justicia rojita.

Los Reyes nos trajeron un buen sacudón, nos recordaron que somos uno de los países más violentos del mundo. La tasa de homicidios de Venezuela es la quinta más alta, según estadísticas de las Naciones Unidas. Los homicidios en el país se han cuadruplicado en los últimos 15 años, según cifras de la organización Observatorio Venezolano de Violencia.

La Organización Mundial de la Salud (OMS), establece que todo país que registre diez homicidios por cada 100 mil habitantes sufre una "epidemia de violencia", en Venezuela se habla de 52 homicidios por cada 100.000 habitantes, a pesar de la madeja de información oficial.

¿De qué sirven las lamentaciones del Primer Irresponsable del país, el Ilegítimo de Miraflores, mostrando su pesar en infelices declaraciones, llamando a Gobernadores, Diputados y cuanto Ministro se le atravesara para poner un "parao" a la grave situación? Al parecer hay venezolanos más valiosos que otros… y yo que pensaba que en el socialismo todos éramos iguales.

Después de 22 fracasados Planes de Seguridad y 13 Ministros en 15 años, bastó la muerte de una Reina y su esposo para volver a poner a la Muerte de Moda.

No me extrañaría encontrar la imagen del Ilegítimo, con las manos en los bolsillos, pronunciando la fatídica frase:

.- ¿Y qué quiere que haga???

En Julio del 2011 le dispararon al Gocho, mi suegro (http://unaaventurallamadavida.blogspot.com/2011/08/mash-hecho-en-venezuela.html), se salvó de milagro y su chavismo no le sirvió de chaleco contra la bala que le cambió la vida; En Abril del 2012, Mataron a Cesar (http://unaaventurallamadavida.blogspot.com/2012/04/y-mataron-cesar.html) regresandito de vacaciones a la Valencia que lo vio nacer, la misma que también lo vio morir en manos de un delincuente motorizado. Y de ninguno supe nada, quién los mató, quién disparó... sus apellidos no eran Spears, ni tampoco eran Reinas... solo eran venezolanos... como tú... como tus padres... como tus hijos...

En el 2013 perdimos a 2 clientes, la vida de un joven a cambio de su carro y la vida de un profesional por 1 celular.

Desayunamos, almorzamos y cenamos con la muerte.

De paso unos "Enchufados" con guardaespaldas hablan de la politización de la muerte de Mónica. Cuando la Seguridad de los venezolanos es Política de Estado, consagrada en la Constitución Nacional.

¿Qué pasó?

¿Y es que nos convertimos en la República de Que Quieres que Haga de Venezuela?

Hermano Venezolano, hay momento para todo, como reza La Biblia, en su Libro de Eclesiastés:

"Todo tiene su momento oportuno; hay un tiempo para todo lo que se hace bajo el cielo:
un tiempo para nacer,
y un tiempo para morir;
un tiempo para plantar,
y un tiempo para cosechar;
un tiempo para matar,
y un tiempo para sanar;
un tiempo para destruir,
un tiempo para construir;
un tiempo para llorar,
y un tiempo para reír;
un tiempo para estar de luto,
y un tiempo para saltar de gusto;
un tiempo para esparcir piedras,
y un tiempo para recogerlas;
un tiempo para abrazarse,
y un tiempo para despedirse;
un tiempo para intentar,
y un tiempo para desistir;
un tiempo para guardar,
y un tiempo para desechar;
un tiempo para rasgar,
y un tiempo para coser;
un tiempo para callar,
y un tiempo para hablar;
un tiempo para amar,

y un tiempo para odiar;
un tiempo para la guerra,
y un tiempo para la paz."

Ya basta de muertes, todos sabemos lo que tenemos que hacer, es tiempo de que cada uno de nosotros diga basta y salgamos de quienes arman y cuidan a los que nos matan. Se acabó el tiempo del miedo, se acabó el tiempo de la negociación y de la paz. Se acabaron los Mesías y se nos está acabando el futuro con cada muchacho que cae muerto a los pies de nuestra indolencia.

Es hora de que los que aún estamos vivos, demos voz a nuestros muertos.

Es la hora de cobrar, de jugarnos la Venezuela del futuro, la del progreso, la de la justicia y la de la paz.

Mataron a Cesar... Pero él sólo era de apellido Barrios... ¡Y Ahora nos Mataron a Mónica!

¡NI UNA MUERTE MÁS!

¡SABEMOS LO QUE HAY QUE HACER!!!

¡EN ESTA PATRIA TODOS SOMOS SPEAR!!!!

Abro comillas... cierro comillas...

Publicado el 16 de Enero del 2014
http://unaaventurallamadavida.blogspot.com/2014/01/y-ahora-mataron-monica.html

CAPÍTULO 11

AMANECIENDO EN CARACAS, MI SUCURSAL DEL CIELO

Hay gente que definitivamente nos cambia la vida, particularmente considero que he tenido la fortuna de tener mucha gente especial, de esas que cambian tu forma de ver, sentir y vivir el mundo que te rodea.

En una ocasión le comenté esto a mi padre, quien me aseguró que no era suerte, sino mi particular capacidad de escuchar.

Esa misma capacidad que me abrió los ojos al maravilloso planeta tierra.

Entre tantas personas geniales que han iluminado mi vida, hay dos que merecen especial mención, curiosamente en este momento, en el cual evoco a este par de seres espectaculares, salta a mi mente la coincidencial providencia de que ambos eran mis padrinos bautismales.

Qué curioso, para los católicos, nuestros padrinos han de ser guías que ayuden a nuestros padres a mantenernos en el camino de la fe, custodios de nuestros valores y guías de nuestra vida.

Escribo con la mente impregnada de ésta coincidencia, si le puedo llamar así. Mi mente se sobrecarga de imágenes y recuerdos que validan el poder de este dúo, y su contribución para convertirme en el ser feliz que soy hoy día.

Mi abuelo Poleo y mi bisabuela Panchita fueron simplemente, extraordinarios, de vidas singulares que tuve la dicha de conocer y disfrutar. Personajes de principios del siglo pasado, de visiones diferentes, de paradigmas forjados por la convulsionada Venezuela de esos tiempos.

¿Será que la convulsión marca todos nuestros principios de siglo?

Vaya tema para otro artículo.

Pero volviendo a mis "padrinos mágicos", debo reconocer que podría pasar días enteros hablando de su vida y de lo que su experiencia dejó en la mía.

Pero cada uno tuvo aspectos resaltantes que vale la pena mencionar, "El viejo Poleo" (Como le decía mi mamá), fue un hombre alegre, ávido lector, amante de los viajes, mi profesor de dominó y bolas criollas, fue poeta, enamorado y siempre tuvo su par de zapatos dispuestos, para hacer lo que se tenía que hacer.

Mi abuelo era un conocedor de todo, un autodidacta, hasta llegó a dejarnos un libro con sus más bellos poemas.

De tantas cosas maravillosas que le escuché, hay una máxima que siempre repetía y que he cultivado religiosamente:

"El cerebro es como un músculo que hay que mantener tonificado"

En cambio, mi abuela Panchita era un ser sencillo, lleno de fe y luz, al contrario que el Viejo Poleo, era analfabeta, sin embargo nadie le ganaba con los números, incluyendo a "El Relancino" de la Lotería de Caracas.

Panchita levantó a sus hijos y nietos a fuerza de planchar, preparar arepas, conservas y sus fabulosas hallaquitas de hoja. De sonrisa rápida, mano firme y rectitud inquebrantable, esa era otra que le encantaba viajar, conversar y curar almas y cuerpos a través de hierbas.

Mi vieja era fabulosa, en las noches oscuras, en esas que el miedo asalta a un niño que veía dragones entre las sombras del cuarto, ella acudía en mi auxilio, me llevaba a su cuarto en donde liberaba su larga melena mientras yo miraba embelesado, como peinaba esa cabellera que llegaba hasta el piso. Cuando se soltaba el moño ya se había hecho sus fricciones con el extraño brebaje de hierbas y alacrán, el cual conservaba guardado en su closet.

Ya había colocado el agua para los espíritus en el pequeño altar de la cruz adornada por multicolores cintas, con la humeante vela que iluminaba el pálido rostro de mi Tío Frank, "suicidado" por la policía en tiempos de guerrilla. Múltiples historias de Santos, de héroes y de la maravillosa naturaleza que nos rodeaba, arrullaron mis sueños mientras el peine se deslizaba entre su entrecana cabellera.

Poco antes de la salida del sol la escuchaba cantar, acompañada de los cantos de sus arrendajos, mientras les limpiaba la enorme jaula. Esas aves ancestrales para la mente de un niño que las recuerda eterna.

Ella hacía simple lo complejo y nunca paraba, porque "Nadie merece comer si no se gana la hogaza de Pan", decía.

Ella esperaba el amanecer, porque cuando salía el sol, si prestabas atención, podías escuchar a los Ángeles dar gracias a Dios.

Soy nacido en Caracas de padre inquieto que nos enseñó a conocer, visitar y a amar todo este bello país, mi Venezuela querida. Debo reconocer que Caracas nunca fue un secreto para mí, mi abuelo siempre viajó con nosotros y mi abuela panchita, siempre me llevó a sus largas caminatas por Caracas, porque hay que ver, como caminaba mi vieja.

Mi Caracas, al igual que mi Venezuela, está colmada de maravillosas historias y fascinantes leyendas.

En mi Caracas me pareció haber visto bajar piratas por la silla de Caracas, me entristeció saber de los asustados caraqueños, huyendo hacia

Oriente abandonando tesoros de morocotas enterradas en La Pastora, mientras Boves y sus sanguinarias huestes masacraban a los rezagados. Caminando por mi ciudad me parece ver el tranvía pasar por las calles de la Candelaria y hasta me parece reconocer al fantasma de los Canarios, que vendían vino en la esquina del Chorro.

En mi Caracas corretee con el niño Bolivar en el patio de Granados, creí ver el limonero con el Nazareno enredado entre sus ramas y pude percibir la pestilencia emanada por los restos de los muertos por la peste, enterrados a un lado de la catedral.

La misma Catedral de Caracas en donde mi vieja me hizo arrodillar, por respeto ante la tumba de los padres del libertador y admiré, boquiabierto, La Ultima Cena inconclusa del maestro Arturo Michelena.

Por muchos años temí pasar por la Plaza Bolivar en donde aún me parecía escuchar los gritos de Jose María España, condenado a morir torturado y descuartizado en el sitio, tras la Conspiración emancipadora conocida como la Conspiración de Gual y España.

Yo estuve en la iglesia de Santa Teresa, aquel fatídico Miércoles Santo, cuando al grito de "fuego" lanzó a una multitud aterrorizada fuera de la atestada catedral, dejando una estela de muertos y heridos; Mi vieja, con valor y su clasica serenidad, me lanzó dentro del área de la pila bautismal en donde me protegió hasta que pudimos salir.

Mi Abuelo me hablaba de un tal Pedro Poleo que fue Amo del Valle, lo cual hizo beberme toda la obra de Francisco Herrera Luque y de cómo nuestras raíces bajaron de El Hatillo para vivir en la capital, siempre le dije que los Poleos cambiaron la Boyera por una vaca...

También me hablaba de cómo siendo un muchachito, el joven Poleo, conocido emparejador de los deliciosos Majaretes que vendía su mamá (mi bisabuela paterna), le servía al Dr. Jose Gregorio Hernandez, su vinito tinto al caer la tarde, en la Panadería de Las Gradillas.

Como no amar a Caracas... a los 17 años me fui a estudiar fuera de mi Caracas, no fue fácil adaptarme, era cierto, extrañaba muchas cosas, mi familia, mis amigos, mi casa, mi cama... pero hay algo que me hacía más falta que todo lo demás, que me desorientaba, me hacía sentir desnudo, a la intemperie... me hacía falta El Ávila, mi Norte geográfico, la sombra constante en la vida de los caraqueños, nuestro protector del "peligroso mar".

Mi Caracas no ha cambiado, ha cambiado su gente. Los héroes, mártires y santos siguen ahí, ignorados por el apuro cotidiano, nadie le para a Isidoro y su coche, no es fácil entre tanta moto y tráfico.

Nadie espera a Pacheco bajar desde Galipán, con su cargamento de flores a ser vendidas en la Plaza de la Candelaria, en donde aún se ven los ramos entre borrachitos y moto taxis.

Los fantasmas se ocultan de los atracadores, mientras las ánimas se recogen más temprano, todo los lunes en las cercanías de Santa Teresa.

Pero es que nadie dice que la cosa sea fácil, lo que pasa es que estamos distraídos.

Mis Viejos son hijos de un Bloqueo Naval, sobrevivieron sangrientas dictaduras y conocieron de 2 Guerras Mundiales, tuvieron sus hijos con la primera Bomba Atómica y sus primeros nietos cuando el hombre llegaba a la luna.

Y no hubo nada, absolutamente nada, que les impidiera amar y trabajar por esta tierra maravillosa que les vio nacer.

Yo sigo amando y disfrutando a Caracas y le doy gracias a Dios porque aún me tropiezo, todos los días, a estos personajes maravillosos. No paro de "Ejercitar" el cerebro y al amanecer me paro al lado de mi vieja Pancha, miro hacia el Este y abro los brazos al amanecer, el bullicio, las sirenas, las cornetas, todo se va callando, y cuando aparece el primer rayo del sol, brevemente, aún puedo escuchar el canto de los Ángeles dando Gracias a Dios por su creación.

Cuando pasa el momento veo a mi vieja, bañada de luz, mirando a donde "Se Pone Petare" y con esa sonrisa preciosa me recuerda, "Por ahí se fue el Libertador para salvar de Boves, a los caraqueños".

Y por mis Barbas, que por ahí se irán tarde o temprano, todos los que nos han quitado 15 años de nuestro tiempo por abrazar infelices aventuras de odio y división.

Nunca olviden que no hay noche larga sin que venga un amanecer… y justo en ese instante, uniremos nuestros cantos a los de los Ángeles, dando gracias a Dios.

Dios te bendiga Patria Mía, Juntos disiparemos la oscuridad.

"Que para amanecer no hacen falta gallinas, sino el cantar de Gallos"
Ali Primera

Publicado el 28 de Enero del 2014
http://unaaventurallamadavida.blogspot.com/2014/01/amaneciendo-en-caracas-mi-sucursal-del.html

CAPÍTULO 12.

V INVASIÓN EXTRATERRESTRE

En 1983, la humanidad despertaba con una nueva serie televisiva, "Extraterrestres humanoides (de apariencia prácticamente humana) llegan a la Tierra desde el cuarto planeta de la estrella Sirio, en una flota de 50 enormes platillos voladores que se posan sobre las principales ciudades del mundo. Parecen ser amigables y buscan la ayuda de los seres humanos para obtener ciertos productos químicos que necesitan en su propio planeta. A cambio, prometen compartir su avanzada tecnología con éstos. Los gobiernos del mundo aceptan y los extraterrestres ganan una gran influencia en las más altas esferas de poder del mundo. Sin embargo, rápidamente empiezan a pasar cosas raras. Por ejemplo, algunos científicos empiezan a encontrar hostilidad de parte de los medios de comunicación y restricciones legales en sus actividades y movimientos. Algunos de los más renombrados hombres de ciencia empiezan a orientarse hacia prácticas subversivas y conductas extrañas, como repentinamente volverse zurdos cuando toda su vida fueron diestros..."

(http://es.wikipedia.org/wiki/V_(serie_de_televisi%C3%B3n_de_1983)

En 1999, Venezuela amanecía con un nuevo presidente, de apariencia prácticamente humana, procedente de las tierras de Barinas, con una flota de colaboradores procedentes de una isla del Caribe, Cuba. Parecen ser amigables y buscaban la ayuda de los venezolanos, para obtener ciertos productos que necesitaban en su país. A cambio, prometen compartir su "avanzada" medicina, entre otras tecnologías. La mayoría del pueblo, creyentes del cambio y de un futuro mejor, más humano y de inclusión, aceptan y, los Bolivarianos, ganan una gran influencia en las más altas esferas de poder de la nación, logrando desvanecer la independencia de los poderes, avalando al poder único, definitivo y perpetuo. Sin embargo, rápidamente empiezan a pasar cosas raras. Por ejemplo, algunos dirigentes opositores, comienzan a encontrar hostilidad de parte de los medios de comunicación y restricciones legales (como las inhabilitaciones, entre otras) en sus actividades y movimientos. Algunos de los más renombrados miembros de las fuerzas vivas de la nación, comenzaron a orientarse hacia prácticas subversivas y conductas extrañas, como repentinamente volverse a la izquierda cuando toda su vida fueron de derecha.

En el transcurso de la serie se descubre que "Los Visitantes", debajo de su disfraz humanoide, son reptiles de preferencias carnívoras, con gusto marcado por roedores, aves y, en ocasiones, tarántulas.

Cuando el protagonista trata de denunciar esta situación, la transmisión es bloqueada (Blackout Informativo) y se convierte en un fugitivo requerido tanto por la policía como por los Visitantes.

Conforme la serie avanza, se revelan las verdaderas intenciones de los Visitantes: robar toda el agua de la Tierra y cosechar a la humanidad como fuente de alimento, dejando sólo unos pocos como esclavos y soldados, como "carne de cañón", para las guerras que los visitantes tienen con otras razas extraterrestres.

Los científicos son perseguidos para desacreditarlos, pues son los que probablemente se darían cuenta primero de las intenciones de los Visitantes, aunque también para distraer la atención humana hacia otros asuntos. Incluso algunas personalidades importantes son sujetas a una especie de lavado de cerebro (llamado "conversión"), la cual hace que tengan obediencia total hacia los Visitantes, aunque la humanidad no perciba los "pequeños" cambios que esto implica en la gente que sufre el proceso (por ejemplo, cambiar de diestro a zurdo). No obstante, hay muchos humanos (la propia madre del protagonista entre ellos) que colaboran con los Visitantes o que, voluntariamente, ignoran o rechazan la verdad subyacente.

Sin embargo, se forma un movimiento de resistencia, determinado a exponer y oponerse a los Visitantes hasta donde les sea posible. La Resistencia comienza a atacar a los visitantes. Posteriormente surge disidencia entre los mismos Visitantes (este grupo se conocerá como la Quinta Columna), quienes se oponen a los planes de los de su propia raza, e intentan ayudar a la Resistencia de cualquier manera posible.

Mientras tanto, en Venezuela, se descubre que la nueva dirigencia son reptiles de preferencia carnívoros y alcanzan la monstruosa cifra de más de 200.000 muertos en 15 años, a manos del "hampa desatada".

Cuando los dirigentes de la oposición tratan de denunciar esta situación, la transmisión es bloqueada (Blackout informativo), se ordena a las emisoras de radio y TV, a no transmitir ninguna imagen relacionada a manifestaciones del pueblo opositor por considerarse "Instigación al Odio", con penas legales, según las leyes impuestas por el gobierno Rojo, inclusive se ordena sacar de la parrilla de las televisoras por cable, al canal colombiano NTN24 por ser el único que transmitía las acciones de la oposición, así como la salvaje arremetida dirigida por "los visitantes". Todo esto sucedía mientras los medios impresos eran rehenes del gobierno ante la falta de papel, producto de la estratégica jugada gubernamental, dirigida a coartar la libertad de expresión.

Conforme avanzan los años, se revelan las verdaderas intenciones de los Visitantes: robar todo el petróleo y demás recursos de la patria venezolana y cosechar a los ciudadanos como mano de obra marginada, dejando sólo unos pocos como esclavos y soldados, como "carne de cañón", para satisfacer las necesidades de los sutiles conquistadores.

Los líderes opositores son perseguidos para desacreditarlos, pues son los que probablemente se darían cuenta primero de las intenciones de los Cubanos Visitantes, aunque también para distraer la atención ciudadana hacia otros asuntos. Incluso algunas personalidades importantes son sujetas a una especie de lavado de cerebro (llamado "Libro Azul"), el cual hace que tengan obediencia total hacia los Visitantes, aunque los venezolanos no perciban los "pequeños" cambios que esto implica en la gente que sufre el proceso (por ejemplo, cambiar de derecha a izquierda). No obstante, hay muchos humanos que colaboran con los Visitantes o que, voluntariamente, ignoran o rechazan la verdad subyacente.

Sin embargo el 12 de Febrero del 2014, se forma un movimiento de resistencia, determinado a exponer y oponerse a los Visitantes hasta donde les sea posible. La Resistencia comienza a atacar a los visitantes y pierden a 2 nobles estudiantes, además de cantidad de heridos, detenidos y desaparecidos. Surge disidencia entre los mismos Visitantes, quienes se oponen a los planes de los de su propia raza, e intentan ayudar a la Resistencia de cualquier manera, para hacer posible su propia liberación en una patria sacudida, por más de 54 años, por la feroz dictadura de los hermanos Castro.

La fantasía se funde con una despiadada realidad, vivimos un juego de intereses, sometidos por fuerzas mercenarias que buscan perpetuarse el tiempo suficiente, para sobrevivir con los grandes recursos de esta noble nación.

Es una batalla desigual, en donde las hordas armadas por el gobierno, entrenados por los mismos órganos de seguridad que nos debieran proteger, actúan al margen de la ley.

Es un momento oscuro para nuestro país el cual exige de cada uno de nosotros, el coraje, la inteligencia y la acción para alcanzar los más noble valores a los que un pueblo honesto pueda aspirar:

Libertad, Justicia y Paz.

Único camino para el alcanzar el progreso de todos.

¡Insisto, no luchamos por ser libres, luchamos por nuestro derecho a SOBREVIVIR!!!

Publicado el 13 de Febrero del 2014
http://unaaventurallamadavida.blogspot.com/2014/02/v-invasion-extraterrestre.html

CAPÍTULO 13

LA VI REPÚBLICA O LA JOVEN VENEZUELA

El 19 de abril de 1810, el Capitán General de Venezuela, Vicente Emparan es derrocado pacíficamente, se proclama la Suprema Junta Conservadora de los derechos de Fernando VII en nombre del depuesto rey. Se llama a Francisco de Miranda para regir los destinos del país y al poco tiempo, se inicia el enfrentamiento armado.

Al principio, los bandos se autodenominaron patriotas y realistas. La Junta de Caracas notifica oficialmente a la Regencia que ha tomado la soberanía de su provincia, dado el estado de disolución del gobierno de España, y usaría ese poder hasta el regreso de Fernando VII con la correspondiente representación de los reinos, provincias y ciudades de Indias.

Se formó un ejército para imponer el gobierno a la provincia de Maracaibo y al departamento de Coro, disidentes de la Junta Suprema de Caracas. Los realistas de Coro derrotaron a los patriotas caraqueños y la Regencia declara el bloqueo de las costas de Venezuela, enviando a la fragata Cornelia y a la corbeta Príncipe con siete barcos menores, al mando del Capitán de Navío José Rodríguez de Arias. Llevaban también auxilio de dinero y armas para los realistas. Sin embargo, la Junta de Caracas es reconocida por los holandeses de Curazao, lo cual dificulta el bloqueo.

La Primera República tuvo una duración efímera. Los realistas, al mando del experimentado oficial Domingo de Monteverde, consiguieron derrotar, en julio de 1812, a las tropas republicanas y hacer prisionero a Francisco de Miranda, gracias a Dios no lo recordamos como "Miranda El Breve".

La Segunda República de Venezuela es el nombre que recibe comúnmente el período histórico de Venezuela que va desde el año 1813 hasta el año 1814. Se inicia con la liberación de la ciudad de Cumaná y finalización de la Campaña de Oriente por parte de Santiago Mariño, el 3 de agosto de 1813 y la entrada en Caracas de Simón Bolívar el 6 del mismo mes, luego de haber culminado la Campaña Admirable.

La Segunda República comienza a decaer tras los incesantes combates y la desunión de los núcleos republicanos de Caracas y Cumaná. La Quinta Batalla de Maturín librada el 11 de diciembre de 1814, en la cual fueron derrotados los venezolanos, es considerada el fin de la Segunda República. Un añito apenas puej.

La Tercera República de Venezuela es el nombre que recibe el periodo histórico que transcurre desde el año 1817 al año 1819 durante la Guerra de Independencia de Venezuela. El inicio de la Tercera República se atribuye al momento en el cual, finalizada la campaña de Guayana, los republicanos restauran las instituciones en la ciudad de Angostura.

Al igual que las dos anteriores, la Tercera República tuvo un muy corto tiempo de duración durante el cual entre los principales hechos se citan la organización de un gobierno civil, la aceptación de todos los jefes militares venezolanos de la autoridad de Bolívar, la llegada de las fuerzas británicas voluntarias que colaborarían con el proceso independentista y la Campaña Libertadora que dio libertad a la Nueva Granada y su confederación junto a Venezuela, en la República de Colombia, con lo que termina el período conocido como Tercera República de Venezuela.

Sin embargo, en Venezuela, Jose A. Páez mostraba sentimientos en contra de la Gran Colombia, logra separarla mediante "La Cosiata" e instituirla como nación independiente creando la "República de Venezuela". El 24 de Noviembre de 1830, se instala en Valencia el Congreso Anti bolivariano el cual enterrara la obra libertadora. Así el 24 de Septiembre nace la Cuarta República, considerado el periodo constitucional más largo de nuestra historia republicana. Durante 169 años, Venezuela transitó una misma República sin cambios radicales.

Desde 1810, hasta 1830. Fueron necesarios 20 años de luchas, sacrificios, fracasos y triunfos para ver nacer una República que con aciertos y errores se mantuvo por 169 años.

En 1999 llegó la Quinta República, con esperanzas de cambios, cargada de nacionalismo, de cantos de gloria, de pueblo y henchida de patria. Pero conozcamos a nuestros personajes principales de esta nueva etapa…

Venezuela está dividida, en 2 dudosas mitades, la no participación de la sociedad civil en los procesos electorales, deja una muy grande porción gris. De las 2 mitades que se cuentan, una posee una abultada cartera, una actitud amenazante y un ventajismo brutal y descarado… además se declara "armada".

De igual forma, esa "mitad" gobiernera, ha financiado y financia gobiernos "amigos", asegurando el afianzamiento de sus actividades, ante el peso del voto de "los Panas", en los organismos internacionales y organismo que no pueda comprar, simplemente es descalificado y desechado.

Son 15 años de un gobierno que ha mantenido la polarización como única herramienta para cubrir su talante totalitarista, no es más que el parapeto destinado a ocultar la gran fuga del patrimonio del pueblo a las arcas del Invasor Cubano y sus propios bolsillos.

Son 15 años de una gesta heroica entre un grupo de ideas diferentes y variadas (como debe ser el libre pensante) contra el poder del pensamiento único y mercenario (Se conoce como mercenario, a aquel soldado que lucha o participa en un conflicto bélico por su beneficio económico y personal, normalmente con poca o nula consideración en la ideología).

Debo reconocer que después de los fatídicos acontecimientos del #12F, día en el cual celebrábamos el acto heroico de la juventud en La Victoria, nunca imaginé que detonarían hechos tan penosos como deplorables.

Después del vil asesinato del Joven Bassil, una juventud anhelante de futuro, rugía por justicia ante un gobierno al cual lo único que le faltó es decir, que el muchacho se había suicidado, cuando decenas de cámaras habían revelado quienes eran los asesinos. Al igual que el fatídico #11A, las voces irresponsables de la dictadura se alzaron para culpar a "la oposición" de la violencia, pero esta vez el mundo era testigo, a pesar de la censura y el arrodillamiento de los medios.

Los días transcurrieron con protestas pacíficas, brutalmente atacadas por la guardia pretoriana GNB y otros órganos de seguridad, entre los cuales se cuentan las bandas Paramilitares armadas por el gobierno, las cuales recién ayer, 20 de Febrero, pude observar que son dirigidas por el extraño ex alcalde de Caracas, Juan Barreto.

Debo reconocer que nunca pensé que ante tan brutal arremetida, la juventud a nivel nacional mantuviera su lucha.

El día #18F, fue el escogido por el líder opositor, Leopoldo López para responder ante las autoridades que le acusan de ser el responsable directo de los acontecimientos del #12F. El muchacho, no corrió, no se escondió, y gallardamente este descendiente de Simón Bolívar se entregó a las autoridades con el convencimiento de que se estaban cometiendo una irregularidad más, desenmascarando ante el mundo a este gobierno castrador de voluntades y libertades.

El #18F no fue la excepción, Mérida y Táchira resisten el brutal ataque del gobierno, piedras y twitter contra bombas, perdigones y balas. Valencia se alza y su gobernador arma a sus bandas en el Core 2, resultando la joven Génesis Carmona, mortalmente herida de un balazo en la cabeza.

El #19F amanece con una tormenta geomagnética, con Tío Simón muerto, el fallecimiento de la ex Miss Turismo de Carabobo, Génesis Carmona y en la noche un cruento ataque de las fuerzas del estado, según órdenes del dictador, el cual trata de poner fin a la protesta justa de los estudiantes.

Hoy es 21 de Febrero, luego de 5 muertos, según el conteo oficial, más de 300 detenidos y varios desaparecidos una voz desde los estudiantes me dice *"Somos débiles"*.

NO mi querido muchacho... después de 10 días de brutalidad inconmensurable, en donde se enfrentan jóvenes y niños desarmados contra fuerzas entrenadas y grupos mercenarios paramilitares, puedo afirmar que ¡NO SON DÉBILES!!!

Han demostrado que las ideas son más fuertes que las balas, que el corazón es más poderoso que el dinero, las balas se acaban, pero las ideas quedan.

El alma humana es como el acero, solo el fuego de la forja y el martillo le dan temple al noble metal hasta convertirlo en filosa espada.

¡Resistan, resistamos que ha llegado nuestro tiempo!

Es el momento de dejar las colas en los supermercados para alcanzar un futuro que garantice abastecimiento para todos. Es hora de dejar de deambular como zombis ante los anaqueles vacíos de los Centros Comerciales para volver a tener el país productivo que todos los hombres y mujeres, trabajadores y de buena voluntad, quieren.

Es hora de dejar de encerrarnos en las noches o los fines de semana, para al fin recuperar la nación segura que nos permita VIVIR las bellezas naturales que pululan en esta grandiosa nación.

Es el momento de dejar el silencio para compartir ideas y desarrollar la universalidad de las mismas, base fundamental de la educación universal.

Porque nacimos para pensar, para respirar, para hablar, crear, disfrutar. Somos seres creados para amar y para detenernos en cualquier lugar y momento y poder gritar a los 4 vientos:

¡GRACIAS DIOS PORQUE NACÍ VENEZOLANO!

El Futuro está con el futuro y el futuro son ustedes, los estudiantes.

La calle, no cesa, "El que se cansa pierde", así que llegó la hora de la protesta inteligente, la protesta pacífica y del siglo XXI, ellos tienen que pagar para contenernos y el dinero se acabó.

Ellos se cansan porque son cuerpo... nosotros NO porque somos Alma y Corazón.

Llegó el momento de luchar por el futuro que deseamos.

Nada que valga la pena es fácil y lo automático se olvida.

¡La 6ta. República será para siempre!!!!

Adelante Hijo... Mi cuerpo y mi alma te pertenecen, en el nombre de Dios y que Dios les bendiga.

Nos vemos en #LaCalle

Publicado el 21 de Febrero del 2014
http://unaaventurallamadavida.blogspot.com/2014/02/la-vi-republica-o-la-joven-venezuela.html

CAPÍTULO 14

¡¡GUERRA!!

En el verano de 1941, los Estados Unidos, el Reino Unido y los Países Bajos comenzaron un embargo de petróleo contra el Japón, amenazando su capacidad para librar una guerra importante tanto en el mar como en el aire. Sin embargo, las fuerzas japonesas continuaron avanzando hacia el interior de China. Durante los meses de verano, Japón trató de sondear las posibilidades de lograr que los Estados Unidos levantasen el embargo de petróleo contra el Imperio de Japón. La respuesta estadounidense fijaba como condición sine qua non la retirada de las tropas japonesas en China.

Rechazando estas condiciones, Japón planeó un ataque a Pearl Harbor, Hawai, para mermar significativamente a la Flota del Pacífico de los Estados Unidos, y después apoderarse de los petroleros de las Indias Orientales Neerlandesas.

El 7 de diciembre, Japón lanzó ataques por sorpresa, prácticamente simultáneos, contra Pearl Harbor, Tailandia y los territorios británicos de Malaya y Hong Kong.

Una flota de portaaviones japoneses lanzó un ataque aéreo sobre Pearl Harbor, el cual destruyó la mayor parte de los aviones estadounidenses de la isla y dejó fuera de combate a la principal Flota de Batalla norteamericana (tres acorazados fueron hundidos, y cinco más gravemente dañados, aunque solo se perdieron definitivamente el USS Arizona y el USS Oklahoma, los otros seis acorazados fueron reparados y pudieron regresar al servicio activo). Sin embargo, los cuatro portaaviones estadounidenses (que eran el principal objetivo del ataque japonés) estaban fuera, en alta mar. En Pearl Harbor, el muelle principal, las instalaciones de suministro y de reparación fueron rehabilitadas rápidamente. Más aún, las instalaciones para el almacenaje de combustible de la base, cuya destrucción habría dejado mermada a la flota del Pacífico, fueron dejadas intactas.

El ataque unió a la opinión pública estadounidense pidiendo venganza contra el Japón.

Al día siguiente, el 8 de diciembre, los Estados Unidos declararon la guerra al Japón. Siempre serán recordadas aquellas palabras del Almirante Japonés Isoroku Yamamoto, Comandante en Jefe de la Armada Imperial, "Me temo que lo único que hemos hecho es despertar a un gigante dormido y llenarlo con una resolución terrible"

Esto significaba la participación directa de USA en el conflicto que libraba Hitler en Europa desde 1939. Conflicto que despertó a el Oso dormido, Rusia.

El resultado ya es conocido por todos, el mundo quedó dividido en dos partes, una liderada por USA y la otra por la Unión Soviética.

Dentro de este mundo bipolar, el Tercer Mundo lo componían los países menos desarrollados en materia económica y tecnológica que no pertenecían a ningún bloque y estaban habitados por las dos terceras partes de la población mundial, especialmente en Latinoamérica, África y Asia.

El Tercer Mundo es poco homogéneo y se encuentra muy dividido, especialmente por motivos de raza, cultura, así como de disensiones territoriales y geopolíticas, a lo que se suma una gran diversidad de intereses opuestos. De esta manera, la influencia de las grandes potencias, se vio muy marcada tratando de asentar sus influencias en cada país, por medio de acciones militares, políticas y económicas. La Unión Soviética se destacó por sus acciones militares.

A fin de evitar un enfrentamiento directo con Occidente, los dirigentes soviéticos optaron por un enfoque más sigiloso para la explotación y creación de oportunidades para intensificar el poder soviético en el tercer mundo y disminuir la influencia de Occidente. Es así como proyectaron su influencia mediante el comercio, la ayuda, la propaganda y un gran despliegue de actividades encubiertas.

Para poder mantener su estrategia, los soviéticos tuvieron que adaptarse a las características que se encontraban en las diversas zonas, dentro de la política internacional e implementaron nuevas tácticas para lograr un acercamiento mayor con países del Tercer Mundo.

Durante décadas, la asistencia militar soviética al Tercer Mundo fue el instrumento primario para incrementar su presencia en los países en vías de desarrollo, así mismo para expandir su misma presencia en países de orientación socialista.

Esta ingeniosa y sutil estrategia se hizo sentir en Afganistán, Angola, Etiopía, Yemen del Sur y Vietnam. Sin embargo su mayor y mejor discípulo fue definitivamente, Cuba, país que se convirtió en un apéndice muy importante para los objetivos de la Unión Soviética en lugares tan recónditos.

Definitivamente el alumno superó al maestro y mientras la Unión Soviética se desmoronaba, Cuba afilaba sus fauces para mantener el esquema de penetración aprendido del Oso del Norte, estirando con sutileza sus tentáculos hacia países vecinos que pudieran mantener viva la decadente dictadura.

Es así como Cuba perfecciona el método de penetración el cual hemos llegado a conocer como Guerra Irrestricta o "Guerra Asimétrica".

Dicho concepto se aplica a un conflicto violento, en donde existe una gran desproporción entre las fuerzas tanto militares como políticas de los bandos implicados, y que por lo tanto obliga a los bandos a utilizar medios fuera de la tradición militar común. Entre estos medios se cuenta la guerra de guerrillas, la resistencia, toda clase de terrorismo, la contrainsurgencia, el terrorismo de Estado, la guerra sucia o la desobediencia civil.

En la guerra asimétrica no existe un frente determinado, ni acciones militares convencionales. Por el contrario, se basa en combinación de acciones políticas y militares, implicación de la población civil y otras operaciones similares.

Sirva como ejemplo el libro "Guerra Irrestricta", escrito por los coroneles chinos Qiao Liang y Wang Xiangsui en febrero de 1999. Se trata de una obra teórica de profundo calado sobre las guerras asimétricas futuras a gran escala. De manera muy resumida, sus autores postulan la utilización de cualquier clase de lucha, sin tener en cuenta ninguna objeción ética, ante una potencia abrumadoramente superior en fuerza, tecnología o influencia diplomática.

La guerra irrestricta es una guerra combinada, que trasciende los límites de las dimensiones y métodos en las dos principales áreas de asuntos militares y no-militares; se deben incluir todas las áreas que ejercen influencia sobre la seguridad nacional.

Para que una guerra sea irrestricta simplemente se necesita que persiga un objetivo político por medio del ejercicio de la violencia en un sentido amplio, es decir, traspasando el dominio de lo militar para combinar de manera irrestricta elementos de las distintas dimensiones de la seguridad, sobrepasando sus fronteras, por medio de combinaciones en lo supranacional, supra-dominio, supra-medios y supra-niveles; todo con el objeto de controlar al adversario.

En este sentido, los autores afirman: «mientras que estamos viendo una reducción relativa de la violencia militar, al mismo tiempo, definitivamente estamos viendo un aumento de la violencia en los ámbitos político, económico y tecnológico».

Lo esencial del diagnóstico de Liang y Xiangsui es que la violencia deja de ser un aspecto exclusivo de los hechos de sangre y el uso de las armas de fuego; desde ahora esta se ejerce por medio de la desinformación y el control de ciertas áreas sensibles para un país y la sociedad que vive en el mismo, como la economía y el suministro de recursos estratégicos (¿les suena familiar?)

La globalización y dependencia tecnológica de los sistemas que proveen de servicios a la humanidad son parte del engranaje. En términos sencillos estamos frente a una revolución del pensamiento estratégico, por cuanto se equiparan los ámbitos de acción; es decir, las acciones bélicas son desplazadas de su rol principal y directriz en el curso de la guerra.

A juicio de Liang y Xiangsui, los tres elementos clásicos de la guerra: soldados, armas y campo de batalla habrían sufrido transformaciones sustanciales. El campo de batalla se ha extendido desde el enfrentamiento cara a cara de unos pocos adversarios en un terreno determinado hacia múltiples dimensiones, aún la guerra psicológica permite llegar al último refugio de la raza humana (**el mundo interno de los corazones**).

En el año 2005, asistimos a uno de esos episodios, no precisamente mágicos, con el que regularmente nos regalaba Hugo Chávez Frías; nos referimos a la polémica con relación a la negociación de armas, compra de cien mil fusiles a Rusia, armamento a España y por lo visto a Francia y el anuncio de un curioso concepto, "Guerra Asimétrica", el cual vino acompañado de una perturbadora modificación en la Ley de la Fuerza Armada, la cual contemplaba entre otras cosas, incrementar los reservistas y llevar ese contingente a dos millones de personas.

El conjunto de acciones relacionadas al concepto son las siguientes:

- Compra de armas, sin que se sepa el destino de las que se descartarán.
- Incremento de reservistas, bajo las órdenes directa del caudillo y sin control de la Fuerza Armada.
- Difusión de conceptos como "guerra asimétrica".
- Partidarios del régimen haciendo entrenamientos militares.
- Vinculación de grupos de ciudadanos de manera directa con su caudillo sin la mediación de partidos políticos.
- Incorporaciones de grupos radicales de simpatizantes del régimen dispuestos a defender como sea el "proceso". Nacionales o supranacionales.
- Modificación de leyes penales para criminalizar la disidencia.
- Persecución de líderes de oposición y hostigamiento a defensores de derechos humanos.

Entre otras acciones, va conformando un cuadro de intimidación propio de gobiernos autoritarios que puede llevar a serios enfrentamientos y a la violencia, a partir de la cual se justifica cualquier acción.

Al igual que todos los estados totalitarios, la inminencia de un ataque de parte de un monstruo temible, está destinado a poner en la mente a un enemigo común, el cual te va a quitar todo lo que amas, todo lo que tienes y termina absorbiendo tu vida en prepararte contra ese enemigo o sus representantes reales o imaginarios; el enfoque puede ser tan profundo que todas las carencias se diluyen ante el enfoque único y liberador de la lucha por venir. Así se alcanza el objetivo primordial de la guerra asimétrica, llegar al último refugio del ser humano, **su corazón.**

El presidente Hugo Chávez constantemente advierte a los venezolanos que una invasión de Estados Unidos es inminente.

En atención a esa eventual amenaza, Chávez ordenó la reestructuración de la fuerza armada y la ampliación de las milicias civiles, que son entrenadas para resistir a un potencial enemigo que sería superior en cantidad y equipamientos.

Numerosos seguidores de Chávez, se alistaron en la reserva atendiendo el llamado del mandatario izquierdista, lo que ha permitido llevar esa unidad a unas 150,000 personas, solo en el año 2006, cifra que está muy por encima de las fuerzas regulares calculadas en unos 100,000 hombres.

Simultáneamente, Chávez ordenaba la formación de una milicia denominada Guardia Territorial y anunció que esperaba llevar la reserva a un millón de hombres y mujeres.

Algunos opositores sostienen que la idea del gobernante suramericano de incorporar masivamente a los civiles en la defensa nacional responde a un plan para crear una fuerza interna que pueda enfrentar a opositores y defender a Chávez a cualquier costo.

La mayoría de los soldados civiles venezolanos provienen de las barriadas pobres donde Chávez tenía un fuerte respaldo y el entrenamiento, que incluía remuneración, acceso a diferentes beneficios y la misma se impartía en buena parte, los fines de semana. La preparación incluye, el manejo de fusiles de asalto, el acondicionamiento físico y las carreras con obstáculos en medio de una nube de gas lacrimógeno.

Chávez insiste en que el golpe del 2002, el cual lo sacó del gobierno por dos días, fue promovido por Washington. Estados Unidos reconoció rápidamente al gobernante interino que asumió el poder durante la intentona. Materializando la visión del monstruo, USA se convertía en el enemigo a vencer.

Han transcurrido 15 años de la llegada del Comandante de Sabaneta al Poder, y 9 años desde que los planes de Guerra Asimétrica se hicieron público por él mismo.

Los hechos actuales demuestran que su plan, efectivamente se llevó a cabo, somos un país envuelto en una guerra asimétrica.

Hoy hace "aproximadamente" 1 año de la desaparición física del "Comandante Eterno", así como 1 año en que su delfín, Nicolás Maduro o "el hombre sin pasado" se hiciera cargo del gobierno, ungido por el comandante y secundado por unas elecciones fraudulentas e imposibles de auditar, ganadas por un muy estrecho margen y avaladas por los poderes arrodillados, fieles a las directrices del partido de gobierno.

Un movimiento de descontento se ha ido adueñando de esa "mitad opositora" de país, que no ha comprado el discurso romántico del socialismo del Siglo XXI.

La perorata idealista, el discurso cargado de elementos contrarios a la realidad cotidiana ha ido encendiendo voces en diferentes lugares del país que claman por el cumplimiento de la ley y la justicia. Voces que exigen al gobierno a abocarse en el desarrollo de políticas destinadas al desarrollo de la economía y a la garantía de la seguridad ciudadana.

Esta mitad de país quiere Paz, Justicia, el cese de la escasez, el control de la inflación, puestos de trabajo, universalidad de la educación, que acabe el sacrificio de la población para cubrir acuerdos que benefician a otras naciones, en especial Cuba o "la Patria Grande" como la llegó a llamar el primer "Apátrida Nacional".

La voz de millones de venezolanos se ha elevado, encabezada por los estudiantes y secundada por aguerridos dirigentes como Leopoldo López y Maria Corina Machado, entre otros, los cuales han despertado a la población civil en distintos lugares de la nación. Ciudades como Mérida y San Cristóbal se encuentran prácticamente sitiadas por la Guardia Nacional Bolivariana y los "Colectivos Armados" que con apoyo del gobierno han realizado los más terribles crímenes.

La situación se repite hasta en los más recónditos pueblos, ciudades, y diversas zonas de la ciudad capital, en donde los valerosos estudiantes combaten todos los días contra las fuerzas militares y paramilitares, mientras el gobierno despliega toda su maquinaria diplomática y propagandística para tratar de ocultar, lo que el mundo ha mostrado en pleno y que los venezolanos somos incapaces de ver, por tener todos los medios audiovisuales de rodilla ante el poder del estado.

Las Redes Sociales se han visto afectadas por los controladores del estado, bajando la velocidad de conexión, bloqueando más de 2.000 páginas Web o simplemente utilizando inhibidores de señales en los lugares a ser atacados.

20 muertos, cientos de heridos, un número aún no determinado de desaparecidos y más de 1000 detenidos es el saldo que hasta principios de Marzo del 2014, tiene la cruel represión del Régimen, que acompañados de Ballenas, tanquetas, bombas lacrimógenas, bombas aturdidoras, perdigones, metras y balas, hacen frente a estudiantes que se baten entre protestas, barricadas y piedras.

Efectivamente vivimos el efecto de la ya descrita "Guerra Asimétrica", no se utilizó contra el Imperio, ahora el enemigo es el "representante del Imperio" encarnado en todos y cada uno de los venezolanos que nos declaramos contrarios al modelo ineficiente y corrupto que ha empobrecido al país.

Sin embargo, mientras somos atacados surge la pregunta ¿Quién se beneficia de esta situación? ¿Solamente algunos funcionarios, corruptos o alienados por el poder que llenan sus arcas con el dinero de la nación?

Venezolanos, venezolanas, eso no es del todo cierto.

Desde el principio de este, mi más largo artículo, he querido dejar claro los elementos que conforman a los nuevos tipos de guerra, les he querido dejar clara su evolución a través de los años y en especial después de la caída del Muro de Berlín, la desintegración de la Unión Soviética, el final de la Guerra Fría y la prácticamente desaparición del Comunismo del mundo, dejando destetado a países como Corea del Norte transformada en un Feudo y Cuba rodeada por un océano de pensamiento capitalista. China ha tomado un camino de dominación comercial, sin embargo Rusia, en manos del ex coronel de la extinta KGB, parece soñar de nuevo con su poderío militar y su influencia en el equilibrio de los poderes mundiales.

Esa Cuba en quiebra, por años boicoteada y ahora huérfana, nunca ha dejado de desarrollar y afinar las enseñanzas del viejo poder soviético. Con inteligencia, paciencia y mucha sutileza ha sabido tener presencia en muchos países de su entorno, logrando penetrar y comprar muchos elementos, la mayoría de ellos enamorados por la ideología y embobados con la idea romántica de una revolución que lo que ha hecho es hacer miserables a los pueblos, mientras sus gobernantes les alimentan de cantos, palabras y esperanzas aliñadas por la lucha contra el Imperio maligno.

Es esa Cuba inteligente, paciente y con hambre de recursos que garantizaran su supervivencia, la que alimentó, alentó los sueños del joven Teniente Coronel de Sabaneta, soñador de patria y de futuro.

Es esa Cuba, gobernada por la macabra figura del tristemente celebre Fidel Castro, la que le acogió como un hijo de la revolución e hizo germinar un ego de dimensiones continentales, mientras penetraban profundamente en los intersticios del poder del estado venezolano.

Al día de hoy, es de conocimiento público y notorio, la presencia de los cubanos en las Fuerzas Armadas, en las áreas de la Salud, Deportes, Puertos y Aeropuertos, Petróleos "de Venezuela", PDVAL, Control Migratorio, Notarías y Registros así como en la Política Interna. Prácticamente no hay un lugar en Venezuela en donde no exista presencia cubana.

El 30 de octubre del 2000 se firmó el primero de los 150 acuerdos (al día de hoy según fuentes oficiales) que han suscrito Cuba y Venezuela. Acuerdos que abarcan cualquier tipo de actividades y que hacen hoy a la isla tan dependiente de nuestro país como lo fue en su momento de la URSS (según analistas nuestra ayuda financiaría más del 15% del PIB cubano).

En entrevista con CNN Dinero, el doctor en Economía Ángel García Banchs dijo que Venezuela entrega un estimado de 12.000 millones de dólares en "regalos a Cuba": la mitad de eso correspondiente al pago del programa Misión Barrio Adentro (el servicio de 32.000 médicos cubanos en Venezuela) y la otra parte, consta de "descuentos y créditos en factura petrolera que no se cancelan".

Para el periódico venezolano El Nacional, la solidaridad de Venezuela con Cuba es "irresponsable".

"Investigaciones serias y bien documentadas han expuesto las vergonzosas condiciones del tratado que, en virtud de un irresponsable concepto de solidaridad enarbolado por Hugo Chávez, convirtió a Cuba en país exportador de petróleo sin que la isla produzca una gota del preciado hidrocarburo. También estiman en más de 5.000 millones de dólares la deuda petrolera del régimen insular con nuestro país."

En el año 2011, un cable submarino de fibra óptica tendido desde Venezuela a Cuba, comenzó a ser usado de forma experimental para realizar llamadas telefónicas internacionales y conexiones de internet, el mismo no tendría acceso masivo para los cubanos a la red mundial por ahora, según lo informaba el monopolio estatal de telecomunicaciones.

El cable de 1.600 km de largo, que también conecta a Jamaica y que costó unos 70 millones de dólares, debía entrar en operaciones con el fin de acabar con las limitaciones en las comunicaciones internacionales de la isla, que La Habana atribuye a la imposibilidad de usar otros cables submarinos debido al embargo estadounidense vigente desde 1962.

De igual forma, el poder económico de Venezuela, ha financiado campañas en gobiernos de todo el continente, con aciertos y desaciertos pero llevando la formula Cubano-Venezolana a los gobiernos de Bolivia, Argentina, Brasil, Ecuador, entre otros. De igual modo se crea el ALBA, una organización internacional de ámbito regional, enfocada para los países de América Latina y el Caribe que pone énfasis en la lucha contra la pobreza y la exclusión social con base en doctrinas de izquierda. El cual provee ayudas garantizando el voto de muchos países en instancias internacionales creadas a fin de preservar las democracias de la zona, como es la OEA.

De la mano del tutor en Guerra Asimétrica, Cuba, y compras de conciencias, Venezuela ha llegado a penetrar a UNASUR y MERCOSUR, fungiendo de "Cabildera" para la penetración de la "ayuda" o paquete cubano en América Latina y Centro América. Sustituyendo la diplomacia convencional por la diplomacia Mercenaria o de Maletín, más sencilla y eficaz que el empleo de mentes con conciencia.

En estos duros momentos de lucha, que vivimos día tras día, nos enfrentamos hermanos contra hermanos por la supervivencia del Sistema Cubano.

Es un enfrentamiento entre venezolanos convencidos en que combaten al imperio e ignoran las largas horas que deben pasar para poder comprar los artículos de primera necesidad, combaten contra el monstruo opositor mientras sus hijos mueren víctimas del hampa o en un centro asistencial público parte de un sistema totalmente desmantelado.

Aplauden a un Ministro de Educación que públicamente anuncia que la idea no es educar para que salgan de la pobreza y se conviertan en escuálidos (opositores).

El silencio de una Fuerza Armada, obligada por ley a defender la Constitución, parece estar de la mano del proceso de desmantelamiento psicológico al que han sido sometido durante estos años, la sustitución de sus líderes naturales por los más manejables, muchos segregados por sus malas notas o mal comportamiento, los cuales pasaron del resentimiento a abrazar al conquistador que le tendía la mano y la fortuna.

Luchamos contra un enemigo foráneo que penetró a nuestra sociedad y vive de nuestros recursos, desviando las riquezas del pueblo para su propio ideal de imperio y el beneficio de los traidores lacayos.

Hoy luchamos para recuperar nuestro país desmantelado, basta con recordar las palabras del Fidel, "los pobres son el combustible de la Revolución".

Hoy las fuerzas enemigas nos declararon la guerra abiertamente y de forma irrestricta, una guerra en la que se ha violado a la persona, a la propiedad y a la integridad de los valores tradicionales en los cuales se cimentó nuestra sociedad. Y quien siembra vientos, cosecha tormentas.

Desde mi silla escucho las detonaciones de las bombas dirigidas contra nuestros guerreros de ideas, tal vez, son solo el anuncio de la tormenta que se avecina. Cuba solamente falló en un aspecto en su Guerra Asimétrica, fallo en derribar la última barrera de la Raza Humana, fallo en derrumbar **la trinchera de Nuestros Corazones,** no ha podido vencer nuestra alma, porque en esos corazones habita la misma alma que liberó naciones, seguimos siendo los hijos de Bolívar.

Hoy volvemos a luchar contra la bota extranjera, en otro tipo de guerra, pero algo no nos han podido quitar y es la bandera de siete estrellas que ondea en nuestros corazones.

Las Trincheras de la libertad se abren paso, en este mismo momento, en urbanizaciones, caseríos, pueblos y ciudades de todo nuestro país, en este preciso instante resisten la embestida del aparato represivo, conformado por fuerzas regulares e irregulares fieles a la dictadura.

Hoy tomo el manifiesto suscrito por los Estudiantes de las diferentes universidades del país, el cual dieron a conocer por medio de un comunicado denominado **"Manifiesto de Mérida"**, en el cual además anunciaron la conformación de la Junta Patriótica Estudiantil y Popular (JPEP) con la finalidad de devolverle la Libertad y la Soberanía a Venezuela.

Y reza lo siguiente;

"Los estudiantes hemos unificado a la Nación en torno a la conquista de la Libertad de Venezuela. Por eso el régimen castro-comunista con grupos paramilitares y la Guardia Nacional, han asesinado, torturado y apresado compañeros en todo el territorio nacional. El pueblo se ha sumado con nosotros: se ha despertado el espíritu libertario ante la opresión de 15 años de este sistema político. En virtud de este momento histórico,

sostenemos ante el país la siguiente postura de manera contundente, honorable e irrenunciable, frente a los que nos quieren dominar y sus colaboradores:

1) Todo sistema político es vigente en la medida que sean representativos sus líderes: el pueblo en la calle ha demostrado que hoy dejaron de serlo. En este sentido, nos piden dialogar luego de 15 años de opresión. Nosotros no queremos paz de esclavos: nosotros somos venezolanos libres. No hay diálogo posible con un régimen clientelista y totalitario que busca hacernos dependientes. La Libertad no está en venta. Nosotros no vamos a legitimar un régimen que ha empobrecido a la mayoría de los venezolanos. Las mesas de diálogo del año 2004, en las que estuvieron Jimmy Carter y César Gaviria, demostraron que no hay buenas intenciones. Este tipo de regímenes son ineficientes: a propósito destruyen a las Naciones para poder controlar mejor. No dialogaremos para perpetuar en el poder a los peores venezolanos. Cualquier posibilidad de diálogo para nosotros, está condicionada imperativamente, por un cambio de raíz del sistema político.

2) Exigimos como patriotas la retirada de toda fuerza de ocupación militar cubana. Queremos que salgan de nuestro territorio, todos los funcionarios dentro de nuestras instituciones por cuanto representan con su injerencia en nuestros asuntos internos una amenaza a la seguridad de la Nación. Nosotros queremos una Nación soberana.

3) Vamos a conquistar nuestra Libertad. Libertad individual. Libertad económica para poder vivir producto de nuestro propio esfuerzo. Libertad de expresión para informarnos y expresarnos sin controles de ningún régimen. Libertad política para manifestarnos, reunirnos y organizarnos sin que sea un delito. Libertad para elegir sin que signifique una farsa. No toleramos los controles de este régimen castro-comunista ni de ningún otro que atente contra los valores y principios de los venezolanos.

4) Exigimos la disolución y desarme de los grupos paramilitares que protege y arma el régimen para infundir el miedo entre los venezolanos. En este sentido, mientras siga el ataque terrorista por parte de estos grupos de manera impune, llamamos al pueblo a que se defienda. Nosotros nos protegemos con las "Trincheras de la Libertad" en nuestras ciudades y pueblos, porque no permitiremos que ataquen a lo más sagrado para nosotros: la familia y el patrimonio.

5) Exigimos la liberación inmediata de todos los presos políticos, libertad plena para los que fueron detenidos y el regreso de todos los exiliados.

Venezolanos,

Es este el momento de definir nuestro destino. Está a prueba nuestro gentilicio y hemos sensibilizado al mundo con nuestro coraje. No hay posibilidad de cambio real si no logramos llegar hasta el final: por eso, está prohibido perder. Vamos a vencer, y con el pueblo refundar a la Nación como la más libre del continente. Por la memoria de nuestros caídos no nos vamos a rendir. Es el momento de reescribir la historia de Venezuela y suscribirla con el sudor de nuestro esfuerzo.

Es por ello, que a partir del día de hoy 02 de Marzo del 2014 desde las trincheras de la Libertad de la Ciudad de Mérida, declaramos constituida la JUNTA PATRIÓTICA ESTUDIANTIL Y POPULAR (JPEP) con la finalidad de devolverle la Libertad y la Soberanía a Venezuela, en reunión de los dirigentes estudiantiles, juveniles y luchadores populares del país, suscribimos los abajo firmantes."

Esto no es un manifiesto, es una aclamación por nuestra libertad, es una manifestación de nuestro deseo de vivir soberanamente.

¡VENEZOLANOS, VENEZOLANAS!

¡ESTA ES NUESTRA DECLARACIÓN DE INDEPENDENCIA!!!

¡LARGA VIDA A LA VENEZUELA DE PRIMERA!

¡LARGA VIDA A LOS VENEZOLANOS!

¡DIOS NOS BENDICE, PORQUE ESTAMOS DEL LADO DE LA JUSTICIA Y DEL LADO CORRECTO DE LA HISTORIA!

¡FUERZA Y FE!

¡Nos vemos en la Calle!

Publicado el 6 de Marzo del 2014
http://unaaventurallamadavida.blogspot.com/2014/03/guerra.ht ml

CAPÍTULO 15

UN SALTO DE FE

Definitivamente me declaro un fanático del cine y, si de algo estoy claro, es que al cine no voy a ver dramas y menos si es inspirado en la vida real. Mi entorno ya es todo un drama como para pagar por ver más… eso es masoquismo. En fin, lo mío es Aventuras, Ciencia ficción, suspenso y terror sin llegar a la exageración.

Soy de los que salen del cine y dicen "Me gusto" o "No me gustó"… siempre me ha parecido que el que habla mucho de vestuario, fotografía o complejidad actoral, solo repite lo que dice la crítica y la película no le gustó.

Entre las películas o sagas que más me han gustado, están las aventuras del Dr. Jones, Indiana es una mezcla de conocimientos e inteligencia hacedora de cosas, algo así como lo que necesitamos en Venezuela, una mente aguda, pensante y que acciona y no se queda simplemente en protesta, perdón, quise decir propuesta y además es capaz de darlo todo por el tesoro.

Reconozco que una de mis películas preferidas de la serie, fue "**Indiana Jones y la última Cruzada**", particularmente hay una parte en la cual, Indiana Jones, impulsado por la inminencia de las circunstancias, se ve obligado a pasar las 3 pruebas que le separan del Santo Grial, en la primera, solo el hombre penitente pasaría, en la segunda, debía seguir los Pasos de Dios y en la tercera debía seguir el camino de Dios y solo la Fe le ayudaría. Particularmente la tercera prueba que a leguas se veía imposible, ante él se abría un abismo infranqueable, el cual solo podía ser pasado con la fuerza de la FE… únicamente podría ser atravesado con un "Salto de Fe".

Imagínense al escéptico y pragmático arqueólogo, parado frente a un precipicio sin fondo aparente, del otro lado la única posibilidad para salvar a su agónico padre y todo dependiendo de un salto al vacío con la esperanza de que Dios no le deje caer. Es así, como el Indi, da el salto… todo lo demás es historia en esta fascinante secuela.

Para los Cristianos Católicos, en el momento de nuestro Bautismo, recibimos 3 Dones, los cuales conocemos como "Virtudes Teologales". Dios nos dio estas virtudes para que seamos capaces de actuar a lo divino, es decir, como hijos de Dios y así contrarrestar los impulsos naturales inclinados al egoísmo, comodidad y placer.

Estos Dones son, Fe, Esperanza y Caridad.

Para no entrar en detalles teologales y a resumidas cuentas, por la "Fe sabemos, por la esperanza confiamos y por la caridad actuamos". Eso no lo aprendemos, lo tenemos vivo en nuestras almas porque somos hijos de Dios.

Imagínense el momento que impulsó al Dr. Jones, a dar ese "Salto de Fe"; el cruce de conocimientos, la mezcla de superstición y religión; de racionalidad contra el misterio divino, los valores inculcados por su padre; el mismo padre que desde la otra sala y a los brazos de su buen amigo Marcus, solo murmuraba agónicamente "Un Salto de Fe... un salto de Fe".

En un solo instante y por las razones que fueran, se manifestaron la marca del cristiano, tenía el conocimiento, sabía que debía saltar y que no caería si lo hacía (Fe), con temor confió en lo que creía, se aprestó a dar el paso (Esperanza) y dio el paso, saltó al vacío (Caridad), quedando en una fina cornisa, que se mimetizaba con el mismo precipicio. No era magia, pero había probado su Fe, siendo merecedor de la tercera prueba.

Que impresionante **ESE** momento en el cual debemos hacer acopio de esos dones para tomar decisiones en la vida, esas decisiones que implican saltar a lo desconocido o la que no nos gusta, salir de nuestro umbral de confort, de nuestras comodidades, de nuestra tranquilidad. Dejar nuestra cotidianidad para enfrentar lo nuevo, sin garantías.

Siempre me estremecerá ver el rostro de mi esposa, bañado en lágrimas, aquel 18 de Febrero del 2014. Acabábamos de acompañar a Leopoldo López, líder de la resistencia en Venezuela y fiel creyente de que "La Salida" debe ser pacífica y en la calle.

Esa salida, la cual no pretende un golpe de estado, sino la presión ciudadana para que el gobierno se aboque a realizar el trabajo que, "democráticamente", el pueblo le ha confiado o de lo contrario, se declare incompetente y dé paso a un nuevo modelo orientado al rescate de la nación.

Su sollozo entrecortaba sus palabras ante la visión del joven líder enfrentar un procedimiento totalmente inconstitucional, viciado y ser apartado a condiciones, por todos conocidos, desventajosas, sin garantías al justo proceso.

Sus lágrimas hablaban de la noche anterior en los cuales abrazaría a sus hijos Manuela y Leopoldo, con la esperanza de hacer lo correcto, esa noche en la que acurrucaría a su esposa Lilian Tintori con un abrazo cargado de eternidad, de futuro.

Ese abrazo que sería regado por las lágrimas de sus padres Leopoldo López Gil y Antonieta Mendoza, ante la certeza de actuar con la ciega convicción de que su sacrificio traería una nueva Venezuela.

Mi esposa lloraba como esposa, madre, hija, como venezolana que pierde a un ser querido, un ser que camina en forma voluntaria al cadalso.

¿Cuál fuerza impulsa a este tataranieto de Concepción Amestoy Palacios, sobrina del Libertador Simón Bolívar? ¿Cuál extraña energía enciende a éste tras tataranieto de Cristóbal Mendoza, primer presidente de Venezuela? ¿Cuánta convicción puede existir en este Esposo, Padre, Hijo, político, economista, graduado Cum Lauden en el Kenyon College del estado de Ohio, Estados Unidos, con Maestría en el Kennedy School of Government de la Universidad de Harvard, para desestimar una vida de comodidades y posibilidades, avalada por una gestión impecable, transparente y exitosa, la cual ha resistido los más duros embates del Régimen Militarista que domina el país?

Una vez más veo al hombre del sombrero y el látigo frente al precipicio, encarnado en un venezolano convencido en que su lucha nos devolverá un país de la mano del Régimen Invasor.

Un hombre con la Fe, el pleno conocimiento de que su causa es Justa, que sabe que hay un pueblo que necesita despertar y que la solución no viene del cielo, sino que viene de las acciones de todos y cada uno de los que conformamos a este país y en el nombre de Dios, como el mismo no se cansa de repetir, "**Fuerza y Fe**".

Un hombre con la Esperanza en tanta gente afectada por la escases, la inseguridad, la pérdida de valores, la desintegración del país más rico de América. Con la confianza de que su entrega despierte nuestra responsabilidad para escribir este pedazo de la historia, esa misma confianza en todos aquellos que le han acompañado en su gesta por una mejor Venezuela y que continuarán su lucha aunque a él se le haya impuesto el aislamiento, la censura y el olvido.

Pero nada tiene sentido sin la Caridad, la acción de entrega, en Paz, retando a la Dictadura, poniéndose al frente de una multitud de ciudadanos dispuestos a batallar o a liberarle del vehículo que le trasladaría a la caricatura de la justicia oficialista. Y tener la gallardía de pedir a los allí presentes, que "respetáramos su decisión", una decisión soportada por su Fe, su Esperanza y su clara convicción de estar "del lado correcto de la historia".

A 30 días de su alejamiento de sus hijos, esposa, padres, amigos y pueblo, debemos preguntarnos ¿Y yo, de que estoy hecho?

¿Qué estoy dispuesto a dar por el futuro de mis Padres, mi Cónyuge e hijos?

¡Es momento de juntarnos hombro a hombro frente al precipicio!

¡Es momento de calarnos el sombrero y el látigo!

¡Nuestra Patria agoniza, herida por los que nos quieren robar nuestro Santo Grial!

¡ES TIEMPO DE DAR UN SALTO DE FE!

ES AHORA O NUNCA VENEZOLANOS Y VENEZOLANAS, RECUERDEN QUE NO HAY PLAN B.

¡EN EL NOMBRE DE DIOS, NO TENGAMOS MIEDO!!!!

Publicado el 18 de Marzo del 2014
http://unaaventurallamadavida.blogspot.com/2014/03/el-salto-de-fe.html

CAPÍTULO 16

FELIZ CUMPLEAÑOS NUEVA GUERNICA, FELIZ CUMPLEAÑOS SAN CRISTÓBAL

"Mis años en África vienen a mí con indudable fuerza. Allí nació la posibilidad de rescate de la España grande. Allí se fundó el ideal que hoy nos rinde. Sin África, yo apenas puedo explicarme a mí mismo, ni me explico cumplidamente a mis compañeros de armas."
Franco al periodista Manuel Aznar, 1938

¿Les suena???

Era un Lunes como cualquier lunes del año, era 26 de Abril de 1937, día de Mercado, gran cantidad de gente recorría las calles de Guernica, sin embargo, la cantidad de gente no se había incrementado debido a este hecho, ya que el mercado había sido prohibido por el alcalde antes del mediodía, la razón, no era más que la cercanía del frente y el temor al avance del enemigo.

Guernica, capital cultural e histórica vasca, tenía antes del ataque, una población de unas 5000 personas, a las que habría que añadir un gran número de tropas, que se retiraban para preparar la defensa de Bilbao y refugiados que huían del avance de las tropas franquistas.

La Legión Cóndor, tenía como Comandante al Teniente Coronel Wolfram von Richthofen (primo del histórico aviador de la Primera Guerra Mundial Manfred von Richthofen, más conocido como el Barón Rojo), el Teniente Coronel fue quien ordenó, el bombardeo a la histórica ciudad; y posteriormente, en su diario personal admitiría que en Guernica se había portado "muy maleducadamente".

A las 6 de la tarde fue cuando se produjo el bombardeo más intenso, cuando 19 bombarderos alemanes, descargaron tanto bombas explosivas como incendiarias, causando una gran destrucción. Las últimas acciones del ataque se produjeron entre las seis cuarenta y cinco y las siete de la tarde (que manía la de estos asesinos de ampararse en el atardecer y la noche).

El número de víctimas mortales, fue de 126 según algunas estimaciones, aunque la fuente oficial dio una cantidad de 1.645 muertos, no siendo mayor, debido al sistema de refugios y de alerta que se había realizado en la villa.

El jefe del estado mayor de la Legión Cóndor, Von Richthofen, escribió lo siguiente tras su visita a Guernica:

"Guernica, villa de 5.000 habitantes, ha sido literalmente asolada. (...) Las bombas de 250 kilos derribaron buen número de casas y destruyeron las cañerías. Las bombas incendiarias tenían ahora tiempo para desplegar su eficacia. Las casas estaban construidas con cubiertas de teja, galerías de madera y entramado del mismo material, por lo que fueron completamente aniquiladas. (...) Aún se ven hoyos de bombas totalmente increíbles. (...) Así pues, sólo un completo éxito técnico de nuestras bombas de 250 y de las EC.B.1."

Sin embargo, no existe un consenso tan claro en cuanto a la cuestión de si el bombardeo fue exclusiva responsabilidad de los alemanes o si éstos actuaron bajo la orden de Franco. Como no se ha encontrado ningún documento escrito en el que Franco diera la orden, las opiniones de los historiadores se basan en distintos análisis y cómo funcionaba la cadena de mando del ejército franquista. Lo que es incuestionable, como demostró Vicente Talón, hace más de treinta años, es que los alemanes efectuaron el bombardeo a petición de las tropas franquistas que estaban en primera línea.

Después de un muy cruento fin de semana, la ciudad de San Cristóbal, Estado Táchira, Venezuela, amanece el 31 de Marzo del 2014, fecha en la que celebra 453 años de fundada, totalmente militarizada, víctima de una ardua lucha de más de un mes y declarada la cuna del Estado de Desobediencia Civil, ante el corrupto régimen represor que hoy golpea al país.

Los Gochos, amanecen con un gran número de detenidos, otros tantos heridos y una nube de incertidumbre y falta de información, propiciada por los laboratorios de desinformación del régimen.

Los Gochos amanecen asediados por fuerzas militares, policiales y grupos paramilitares pro gobierno, los cuales les acosan constantemente a fin de evitar la protesta y desarticular las barricadas que los ciudadanos han levantado, a fin de protegerse del salvaje sistema represor e inconstitucional. Vehículos particulares incendiados, Urbanizaciones violentadas, edificaciones incendiadas son la evidencia de la lucha destinada a "Pacificar" a los habitantes de la "Ciudad de la Cordialidad".

A sus 453 años de fundación, San Cristóbal amanece como una nueva "Guernica". El alcalde de la ciudad, Daniel Ceballos, fue secuestrado, arrestado, juzgado y sentenciado por el Tribunal Supremo de Justicia, el cual ha instaurado el Juicio Express para los opositores al régimen, mismo sistema utilizado para "sacar del medio" al opositor Enzo Scarano de la alcaldía de San Diego, Carabobo; por cierto, 2 de los alcaldes más votados por sus coterráneos.

Las calles se encuentran sembradas de perros asfixiados por los gases emanados del intenso bombardeo de bombas lacrimógenas, cortesía de nuestro vecino Brasil. Mientras el ejército represor, se ha plegado en sus calles, protegiendo a las bandas armadas encargadas de realizar "el trabajo sucio".

Victoria pírrica, usando el término que tanto le gusta al régimen, las mujeres que ayer pedían auxilio, los jóvenes que se ocultaban, los viejos que maldecían, ya no lo hacen más.

En este momento conspiran, en este momento vuelven a levantar las barricadas reivindicando la irreverencia de la lucha. En este momento las madres pertrechan a los jóvenes que se aprestan a hacer frente a las bandas del régimen; no hay madres, no hay hijos ni hijas, no hay hombres, viejas ni viejos… solo hay GOCHOS y están arrechos.

Gochos que aprenden, gochos que avanzan y retroceden, gochos que observan, atacan y desaparecen. Cada día que pasa, les fortalece. La voluntad no va a ser doblada porque nunca podrán derribar la última trinchera, ¡La **TRINCHERA DEL CORAZÓN LIBRE**!

Esta noche sabremos nuevamente, del heroísmo de los Gochos, los ATLAS que se han puesto a la espalda la causa de la libertad y la justicia. Reivindicando su derecho a vivir, a permanecer, a ser un Pueblo Cordial, no un Pueblo sumiso.

"Seguid el ejemplo que San Cristóbal dio", entonan hoy día nuestras juventudes a nivel nacional, esos estudiantes que día a día vienen y dejan el pellejo en las calles, enfrentando al oprobioso régimen Cubano-Chavista. Hoy Mérida, Maracaibo, Maracay, Valencia, Barquisimeto y Caracas, reivindican la lucha por la Libertad.

Tal vez quisiera la providencia que San Cristóbal sea el Santo de tan prodigioso pueblo, es posible que quienes me leen no sepan que el origen del nombre, de este enigmático personaje, es Griego y significa, «el portador de Cristo», y se empareja con una de las leyendas más bellas y significativas de toda la tradición cristiana.

Nos lo pintan como un hombre muy apuesto de estatura colosal, con gran fuerza física, y tan orgulloso que no se conformaba con servir a amos que no fueran dignos de él.

Cristóbal sirvió primero a un rey, aparente señor de la tierra, a quién Cristóbal vio temblando un día cuando le mencionaron al demonio.

Cristóbal entonces, decidió ponerse al servicio del diablo, verdadero príncipe de este mundo, y buscó a un brujo que se lo presentará. Pero en el camino el brujo pasó junto a una cruz, y temblando la evitó. Cristóbal le pregunto entonces si él le temía a las cruces, contestándole el brujo que no, que le temía a quién había muerto en la cruz, Jesucristo. Cristóbal le pregunto entonces si el demonio temía también a Cristo, y el brujo le contestó que el diablo tiembla a la sola mención de una cruz donde murió él tal Jesucristo.

¿Quién podrá ser ese raro personaje tan poderoso aun después de morir?

Se lanza a los caminos en su búsqueda y termina por apostarse junto al vado de un río por donde pasan incontables viajeros a los que él lleva hasta la otra orilla a cambio de unas monedas. Nadie le da razón del hombre muerto en la cruz que aterroriza al Diablo.

Hasta que un día cruza la corriente cargado con un insignificante niño a quien no se molesta en preguntar; ¿qué va a saber aquella frágil criatura? A mitad del río su peso se hace insoportable y sólo a costa de enormes esfuerzos consigue llegar a la orilla.

--¿Quién eres, niño, que me pesabas tanto que parecía que transportaba el mundo entero?— preguntó Cristóbal.

Tienes razón, le dijo el Niño. Peso más que el mundo entero, pues soy el creador del mundo. Yo soy Cristo. Me buscabas y me has encontrado. Desde ahora te llamarás Cristóforo, Cristóbal, el portador de Cristo. A cualquiera que ayudes a pasar el río, me ayudas a mí.

Por fin había encontrado a Aquél a quien buscaba.

Cristóbal llevaba a hombros, más que el universo entero, al mismo Dios que lo creó y redimió.

Que carga tan pesada le ha tocado llevar al gallardo pueblo de San Cristóbal, lleva toda una patria, lleva el peso de la injusticia para dejarnos en la orilla de la libertad.

Ya los Gochos no luchan solos, cada día son más los venezolanos los que asumen su papel protagónico en este momento histórico. Cada día somos más los que levantamos nuestras voces, somos más los que levantamos nuestras manos para romper las cadenas de la injusticia, la inseguridad, la corrupción, la escases, la ocupación de la bota extranjera y de los traidores que les han entregado nuestros recursos y nuestras vidas.

Cada día somos más los que por primera vez escuchamos el profundo significado de nuestro Himno Nacional y derramamos una lágrima que quema la mejilla y subleva la razón.

Porque somos más los que hemos despertado recordando que PERTENECEMOS AL BRAVO PUEBLO DE VENEZUELA, QUE EL YUGO LANZÓ Y QUE LO VOLVERÁ A LANZAR.

SOMOS LOS QUE HAREMOS RESPETAR LA LEY, LA VIRTUD Y EL HONOR.

SOMOS EL PUEBLO QUE DERRIBARÁ LAS CHOZAS PARA CONSTRUIR UN PAÍS DEL PUEBLO, PARA EL PUEBLO Y POR EL PUEBLO.

DIOS BENDIGA AL PUEBLO NOBLE DEL BUEN SANTO. DIOS BENDIGA A TODOS AQUELLOS QUE ASUMIMOS EL RETO DE AYUDAR A ESTE PUEBLO CON TAN GRANDE CARGA, CON TAN INMENSA RESPONSABILIDAD.

DIOS BENDIGA A LA NUEVA GUERNICA, DIOS BENDIGA A VENEZUELA Y DEFINITIVAMENTE DIOS BENDIGA A LOS GOCHOS, ¡CARAJO! ¡QUE ESTÁN PELEANDO POR LA NUEVA VENEZUELA!!!!

Los 454 años los celebraremos como el Día en que se gestó la Nueva Independencia.

Dios nos bendiga, Dios nos Proteja.

Publicado el 31 de Marzo del 2014
http://unaaventurallamadavida.blogspot.com/2014/03/feliz-cumpleanos-nueva-guernica-feliz.html

CAPÍTULO 17

Y NO SALÍ A PROTESTAR

Es imposible negarles que cada vez que escucho la canción "**Mama Pancha**" de Alí Primera, siento que está cantando acerca de mi Abuela Panchita (Bisabuela en realidad, pero nunca me paré en títulos). Ya en otras oportunidades les he hablado de mi "madrina abuela" y hasta les comenté, de la "Botella para las fricciones" que guardaba en un oscuro rincón del closet; y si, de comadrona, yerbatera y rezandera lo tenía todo, entonces ¿cómo no pensar que a mi Abuela Pancha la habría conocido Alí?

De tantas historias, cuentos y leyendas de Santos que llenó mis noches, no puedo negar su preferencia por un santo en especial, San Francisco de Asís. Las aventuras de este santo, solo eran comparadas en mi mente con las de "Goldar", el robot gigante padre de "Gam", el cual vivía en un volcán con su esposa "Mol" y el viejo sabio Methusa o Matusalen. Que les puedo decir… era la mente de un niño de apartamento, de 4 o 5 años y de imaginación hiperactiva.

Una de las historias de mi héroe San Francisco de Asís, era la consulta con su "Oráculo" (no lo olviden, tenía 5 años), resulta que cuando tenía decisiones importantes, oraba, abría la Biblia en tres lugares diferentes y normalmente, cada versículo coincidía con el otro en una misma respuesta.

En uno de sus relatos nocturnos, me contó de cierta ocasión en la cual, el Santo de Asís, no sabía cómo llevar a la práctica su actividad y la de sus seguidores; entonces, se fue a una iglesia y abrió tres veces el Evangelio y, cada vez cayó en un pasaje que hablaba del "envío de los apóstoles sin bastón, sin alforjas ni dinero, sin dos túnicas". Y se dijo: "esto es lo que el Señor quiere para nosotros". Y de ahí viene la pobreza del Franciscano.

Esa idea, casi mágica, quedó sembrada en la mente del pequeño yo, para siempre. En mi vida, en momentos o decisiones difíciles, respiraba hondo, ponía mi mente en blanco, decía una oración y buscaba la respuesta bíblica, obteniendo siempre una acertada solución.

Muchos años han pasado desde que Goldar dejó de salir en la televisión y RODAK se convirtió en realidad cotidiana en nuestras vidas, imagínense que hoy a los "Lugones" en sus motos, exclamando "uyuyuyyy", algunos les llaman "colectivos".

La experiencia agudizó mi visión a las señales y hoy, puedo confirmar que Dios nos habla todo el tiempo, nos guía, nos aconseja, pero el bullicio cotidiano no nos permite escucharlo. Es como cuando subes al Ávila, observas la ciudad en silencio y de pronto te das cuenta que hay un extraño zumbido que se eleva de ella, esa es la bulla que te envuelve todo el tiempo y a toda hora.

Con el tiempo y la práctica perfeccioné mi proceso, primero respiro hondo, luego el silencio, libro la mente de todo pensamiento, para después orar enfocando la mente en la pregunta y al final, abrir los ojos del alma para que encuentren la respuesta. Es en ese momento en el cual la respuesta aparece en las cosas más inverosímiles, en un libro, en la prensa, en los avisos publicitarios, en la naturaleza, en la gente alrededor… aprendí a ver y escuchar en sintonía con mi corazón… aceptando humildemente la respuesta.

El fin de semana anterior a la publicación de este artículo, me vi fuera de combate, apartado momentáneamente de la ya cotidiana lucha en #LaCalle, la cual venimos realizando desde hace más de mes y medio; no hay cansancio, solo un problema de salud, el cual me obligó a realizar una pausa. Esta situación me permitió contemplar la cotidianeidad de la cual me he visto alejado por abrazar con fuerza mis convicciones.

Al igual que todos los días, el Gallo tuerto me despertó mientras mis perritas, Chiqui y Bebé corrían alrededor de mi cama, alborozadas ante la inminencia de la salida mañanera. Lentamente una vieja lesión en la espalda, producto de mis aventuras y tiempos de Scout, me recordaba que el tiempo no pasa en vano y que hay deudas que siempre terminarás pagando.

Ya "casi" derecho, salí a estirarme mientras las pequeñas hacían lo que tenían que hacer y deseando el rico sabor del cafecito mañanero, el cual al fin había conseguido después de pasar 15 días ausente de mi cocina y digo "ausente" porque la palabra desabastecimiento no es muy bien vista por la Dictadura.

El revitalizador aroma nunca llegó, se fue el gas…

Suspendido el añorado reposo, se imponía el cambio de planes, había que agarrar la bombona e ir a la planta de distribución del gas (ya hace tiempo, mas nunca pasó el "camioncito" y las "Bodeguitas" que vendían el indispensable elemento, hace mucho tiempo lo dejaron de expender).

A Dios gracias que tengo carro, de lo contrario, la "bombonita" de Bs. 3,70, por la cual siempre terminas pagando Bs. 5 te saldría en Bs. 155 porque solo en taxi puedes llegar al sitio.

Más rápido no pude llegar, 8:30 a.m.… y ya la última bombona se había vendido…

Entre las punzadas que me recordaban el por qué no había salido a protestar, despertó algo de lástima en el vigilante, el cual me indicó que "el lunes a las 7 a.m. tendrían gas, pero que tratara de suplicar al chofer del camión que estaba saliendo, me vendiera una bombona pues estaba recién cargado". Ni les cuento la carrera que pegué hasta el camión y ni hablar de la cara de "Sam Sad" que puse para solicitarle la "caridad" de que me vendiera la bombona, a lo que respondió con un simple "Toy apurao", dejándome sin el gas, con mi cara de bolsa y el dolor de espalda en franco aumento.

Detrás de mí, dejaba gente llegando en taxis, motos, caminantes con par de bombonas a la espalda y tan solo eran las 9 a.m. mientras los vigilantes le hacían la señal de costumbre... tranquilos, no sean mal pensados, la nueva señal de costumbre es NO HAY.

Ya desecho pero con hambre, decidí buscar comer algo para desayunar, 2 empanadas y 2 guarapos de papelón... Bs.86... y la bombona solo costaba Bs.3,72...

Ya estamos en la vía, y no vamos a protestar, sería bueno aprovechar y tratar de conseguir algunas cosas que necesitamos; sin embargo olvidamos un detalle, es fin de semana de quincena, muchos cobraron sus salarios y corren a reponer sus despensas, en especial desde que los Supermercados y otros expendios, SOLO parecen ser abastecidos los fines de semana.

Las colas son impresionantes. Con mi espalda maltrecha dudo que pueda aguantar ninguna... por eso no salí a protestar... De paso las colas para pagar en las cajas de los supermercados se ven afectadas por la falta de personal... muchas cajas, pocos cajeros. No es fácil mantener una nómina con las condiciones actuales que rigen a los supermercados, sin hablar de las leyes que protegen al trabajador y la inamovilidad laboral extendida por tantos años.

Menos mal que la gasolina es barata, después de muchas visitas a diferentes ventas de alimentos, nos damos por vencidos. Decidimos ir a una farmacia que "vende de todo"... es urgente la compra de artículos de higiene personal. Sin sorpresa, observamos el colapso de gente dentro del establecimiento, me calo el sombrero y saltamos a la aventura de ver la razón. Puede ser la última oportunidad de hacer una cola y la posibilidad de pasar por las cajas de la farmacia (Necesito urgente un diclofenac) nos eleva la esperanza de justificar el no haber ido a protestar.

Las colas son impresionantes, hay "Mazeite". Tomo el número de la farmacia, "solo tengo 62 personas antes que yo; mi prioridad, ¡desodorante!. Una vez más contemplo una sola marca de desodorante, la misma se repite en todos los estantes de supermercados por los que pasé... inmediatamente me pregunto ¿Quién es el dueño de "MUM"? ¿Cómo les explico que "ese" desodorante "no me presta"? (Disculpen tantas comillas, pero son manías que le quedan a uno de las interminables "cadenas y comillas presidenciales").

Mientras contemplo con incredulidad los estantes llenos por el único desodorante, no sé si llamarle el desodorante nacional, respiro hondo, cierro los ojos, me abstraigo del hervidero humano a mi alrededor, me despojo de la frustración, de la rabia, del intenso dolor que atenaza mi cintura como si tuviera un Pitbull con los dientes encajados... "Dios mío, háblame"...

Una vez más Dios me habla... escucho una voz nasal, con el acento inconfundible de matrona portuguesa que proclama a viva voz "MUM, SHOLO MUM ESH LO QUE HAY Y DESHPUESH NOU QUEREN QUE OUNO PROTEISHTE"...

De más está decir que me di media vuelta y me fui... sin Mazeite, sin Diclofenac, ni MUM. Me fui a un centro comercial a comprar algo sin colas, se me había ido el día. Conseguí una farmacia y gracias a Dios también la medicina. Fui a llevarles azúcar a unos amigos, porque yo tengo y ellos necesitaban. Pasé la tarde conversando, exponiendo mis puntos de vistas a fríos, tibios y chavistas que coincidían en el sitio. Hablamos de nuestras realidades, de que mi cola es su cola, de que la solución es ahora, ya que es ahora cuando no tenemos gas, comida, medicina, seguridad... uno me decía que le había ido bien con el SICAD 1, pero con un cambio de modalidad, quedaron fuera hasta dar una fianza enorme que en este momento no tenían; me hablaron del éxito del SICAD 2, aunque aceptaron que no sabían de nadie que lo hubiese recibido. Me fui tarde en la noche dejando conciencias sin VTV.

Al día siguiente No Protesté... mientras tanto esa noche, la del sábado, El Cafetal, Altamira, Chacao, El Trigal y Valle Hondo eran gaseados en forma brutal. La noche del domingo también les gasearon, detuvieron jóvenes, asesinaron ciclistas y a tres meses del asesinato de Mónica, hablaban de Dialogo.

El Lunes salí a las 6:40 a.m. a buscar gas... era el 78 en la cola... y ahí estaba yo, hablando con el Señor jubilado que ya no se venía a las 3 a.m. porque les habían atracado en la cola. Ahí estaba el gordo con su franela roja con los ojos malignos fijos mirando la cola, creo que sería como el 90 en la cola. Me acompañaban "Los colectivos" gran número de motos, que hacen la carrerita y que por Bs.100 te compran la bombona. Ahí estaba el flaco con camisa Lacoste y la doña esperándolo en el Lancer 2013 y llegó el carrito por puesto cargando a varias doñitas con sus respectivas bombonas. Ahí estábamos todos, a las 7:30 a.m. aún no abrían, perdí la cuenta de las personas detrás de mí, porque una curva me impedía verles. Solo murmullos, risas nerviosas, frustraciones, días improductivos, uno me aseguró que fácil perdía el cesta ticket. Estábamos todos, no estábamos protestando, solo esperábamos en silencio la alegría indescriptible de comprar Gas.

El sol se eleva a mis espaldas en la cola... la cintura se vuelve a resentir, me siento sobre la bombona, cierro los ojos, respiro hondo y oro...

Recuerdo a San Francisco, flaco, barbudo y vestido con una simple túnica, estudiando la Biblia, irreverente, valiente, capaz de besar a una leprosa en el camino por el simple hecho de que cada ser es su hermano.

Veo al Santo de Asís Estudiante, con la llama liberadora del que encuentra fuerzas en sus convicciones, lo vi enfrentado a los soldados por sus ideas, desarmado y con la túnica por capucha. Porque la causa de Dios es la causa de la Justicia, es la causa de la paz, ¡ Es la causa de la libertad!!!!

Todo hombre y mujer en la cola, con su indiferencia, con su miedo, con su incomprensión y con su camisa roja es mi hermano. No busco su comprensión, no busco su aceptación. Todo lo que tengo, todo lo que soy, se me va en esta lucha.

Toda herramienta pacífica, es válida.

Todo se vale en la defensa de nuestra vida y de los ideales de libertad, inclusión y progreso para todos y a pesar de todos. Que la historia nos juzgue por lo que hacemos y no por lo que dejamos de hacer.

¡QUE ME TRANQUEN LAS CALLES CARAJO!

¡QUE EL MOMENTO ES AHORA CUANDO HASTA EL MIEDO ME LO EXPROPIARON!!!

¡ESTAMOS ESCRIBIENDO UN PRECIOSO CAPITULO DEL LADO CORRECTO DE LA HISTORIA EMANCIPADORA DE VENEZUELA!

¡ESTAMOS PAGANDO CON SANGRE, CON TORTURAS, CON DETENCIONES Y DESAPARICIONES, LA GESTA HEROICA DE NUESTRA NUEVA LUCHA POR LA INDEPENDENCIA!

El anciano me despierta de mi delirio, avisándome que la cola ha comenzado a avanzar.

Ese lunes en la tarde... **¡Salimos a protestar!!!**

P.D. Gracias Red... tú le das sentido al remolino de mi cabeza.

Oración de San Francisco

Oh, Señor, hazme un instrumento de Tu Paz.
Donde hay odio, que lleve yo el Amor.
Donde haya ofensa, que lleve yo el Perdón.
Donde haya discordia, que lleve yo la Unión.

Donde haya duda, que lleve yo la Fe.
Donde haya error, que lleve yo la Verdad.
Donde haya desesperación, que lleve yo la Alegría.
Donde haya tinieblas, que lleve yo la Luz.
Oh, Maestro, haced que yo no busque tanto ser consolado, sino consolar;
Ser comprendido, sino comprender;
Ser amado, como amar.
Porque es:
Dando, que se recibe;
Perdonando, que se es perdonado;
Muriendo, que se resucita a la
Vida Eterna.

Publicado el 9 de Abril del 2014
http://unaaventurallamadavida.blogspot.com/2014/04/y-no-sali-protesta.html

CAPÍTULO 18

QUERIDO DIARIO... SANTO...

No sé a usted, querido lector, pero los últimos tiempos se han convertido, como un tornado de acontecimientos que terminan superponiendo ideas, más rápido de lo que puedo interpretarlas o peor aún, transcribirlas.

Los venezolanos nos encontramos sobresaturados de información "extraoficial", twitterinformación, somos YouTubeados a una velocidad impresionante, mientras leemos todos los whatsapptelegramessagezelloline que nos llegan en forma individual, grupal y por difusión.

Es verdaderamente prodigioso, que aún nos quede tiempo de volantear, marchar, acompañar a los muchachos en los campamentos, discutir, conspirar, hacer la cola del gas, de la harina y el café, o cualquier otra cola solo por el simple hecho de que existan; además, en ese mismo Espacio-Tiempo, comemos, bebemos, vamos al baño y trabajamos al mejor estilo de paradoja digna de la más avezada aventura del Dr. WHO.

Bien cabe la gran pregunta que solo el genio de Quino, pudo poner en boca de Mafalda...

"¿Has pensado en lo que ocurriría si no existiera la distancia, Felipe?"

Mi idea al comenzar, la que hasta ahora ha sido una fascinante aventura Blogera, era plasmar las maravillas que me rodeaban. Nunca imaginé que se convertiría en una descripción de los difíciles momentos que nos ha tocado vivir, desde mi óptica por supuesto, pasada por el tamiz de mis paradigmas y sentimientos.

El venezolano pensante y de mente universal, se ve en la obligación de tratar de controlar la agenda de sus pensamientos, para no dejarse arrastrar por los mercaderes de ideas, que comprimen las ideas y las regalan al cerebro goloso del obeso mental. Pensamiento sin esfuerzo, no es más que ideas ricas en grasas y carbohidratos.

Esta Semana Santa 2014, ha sido uno de esos momentos ricos en acontecimientos difíciles de digerir. Por esa razón, traté de ordenarles, según se sucedían permitiéndome digerirles a fin de entender las diferentes puntas que me mostraba este erizo de ideas. Y así nació mi Querido Diario… Santo.

Jueves 10 de Abril del 2014

Amanece un hermoso día, las Madres del Sur Este de la ciudad de Caracas se reúnen en el Distribuidor Santa Fe desde primeras horas de la mañana, se manifiestan contrarias al nuevo currículo bolivariano. Especie de reinvención histórica, cargada de socialismo e ideología, con el cual se plantea "Educar" a nuestras juventudes a fin de orientar su educación hacia la formación del "Hombre Nuevo".

Sin embargo, la atención de la población está centrada en el "Dialogo", el cual se llevará a cabo por cierto sector de la oposición, liderada por Henrique Capriles Radonski, Gobernador del Estado Miranda y principal denunciante de la ilegitimidad del "Presidente Nicolás Maduro" y el gobierno liderado por el mismísimo "Ilegitimo"; dicha reunión ha sido propiciada por los cancilleres que conforman la UNASUR, quienes han invitado al clero, representado por la Nunciatura a modo de testigo.

La condición esencial solicitada por la oposición política representante del partido MUD, es que este acercamiento debe ser transmitido en cadena, es decir debe ser expuesto en todos los medios audiovisuales que conforman el espectro comunicacional del país.

Mientras la población en general habla del acontecimiento como si fuera una gran final. Los no creyentes, cansados de tanto discurso vacío y engaños anteriores, los cuales solo han contribuido a afianzar la tenaza estatal sobre la sociedad civil, se mantiene en protesta activa, pasiva y expectante.

Los estudiantes en Caracas denuncian una intención desmovilizadora y convocan a la "Marcha de las Velas" desde la Plaza La Castellana hasta la Plaza Miranda en Caracas, a las 6 p.m. coincidiendo con el inicio de la Cadena desde Miraflores, mientras desde el exterior, se reciben denuncias de que una parte de la oposición, encabezada por las autoridades de Primero Justicia, pacta con el gobierno para desarticular a los militares afectos a la oposición, los cuales se sienten apoyados por la constitución nacional.

Mientras transcurre el día de trabajo, la tensión en la calle se hace sentir. Al caer la tarde, muchos corren a sus casas, unos ocupan asientos en tascas y restaurantes, mientras otros vamos a la calle a compartir el ideal y la forma convocada por los estudiantes.

Esa tarde tuvimos la oportunidad de ver y escuchar a los estudiantes que acampan en la Plaza Bolívar de Chacao; escuchamos sus planteamientos, vemos su Altar de la represión, en donde exhiben cientos de artefactos, bombas lacrimógenas, perdigones, balas, que han sido lanzadas contra ellos por las fuerzas dialogantes y represivas del Estado. A los pies de la estatua del Padre de la Patria, se despliega la manifestación misma de la intolerancia, del absolutismo, de la opresión. Nos alejamos bañados de juvenil convicción, de ideas claras, de organización, de futuro y de la mezcla que fermenta en el espíritu de los que en un futuro cercano emergerán como líderes de una nueva sociedad.

Igual estampa encontramos en el Campamento ONU, otro altar de la Represión se erige a los pies del edificio que alberga las oficinas del organismo mundial, el mismo que nos ha acostumbrado a escuchar disculpas por su tardía reacción, el mismo que nació de la palabra "Nunca Más" y sin embargo, es rehén de los intereses de los países más poderosos. Las carpas se alinean en perenne protesta, recordando que los seres humanos tienen derechos y que no hay ley alguna ni soberanía posible que se pueda anteponer a esos derechos. Los muchachos, discuten, conviven, lloran ante la indiferencia del conformismo ajeno, se les destroza el alma ante la inercia de las conciencies adormecidas por la flojera, la ignorancia y la miseria. Los muchachos también cantan, cantan sus luchas y renuevan su esperanza, porque ellos son el futuro y se saben hijos de la universalidad del pensamiento, se reconocen hijos de una revolución de hambre que les sembró el deseo de la libertad.

Mientras el "Dialogo" comienza con un "Monologo" del Ilegítimo, marchamos con las velas encendidas, en la peligrosidad de las calles de uno de los países más inseguros del mundo, ante el grito de que *"No Tenemos Miedo", "Recuperaremos las Calles", "Y No Y No Y No me da la gana una Dictadura Igualita a la Cubana"*.

La Cadena se extiende, los estudiantes también dialogan, pero con el pueblo que les apoya, mientras tanto las bombas lacrimógenas reprimen cruelmente al pueblo presente en el Distribuidor Santa Fe…

Un Perro caliente en Chacao, nos permite escuchar los relatos de lucha de los muchachos en el gaseado municipio. Mientras tanto, no nos estamos enterando de la terrible gaseada que sufren los vecinos de Santa Fe.

Las exposiciones de los miembros del equipo del gobierno y de la MUD en lapsos de "10 minutos" se extienden hasta la madrugada… me llega un mensaje de una vecina de Santa Fe… son reprimidos salvajemente y de pronto, de la autopista se acerca una multitud de jóvenes que cruzan la noche, las bombas y los perdigones al grito "SOMOS DE CHACAO, VENIMOS A APOYARLOS"… la dama llora… yo también…

Viernes de Concilio 11 de Abril del 2014

Al Viernes antes del Domingo de Ramos, los católicos le conocemos como Viernes de Concilio; por mucho tiempo, este día era dedicado a recordar la pena sufrida por la Madre de Jesús y se le llamaba Viernes de Dolores. Esta celebración fue eliminada del calendario litúrgico por considerarla "Duplicada" y dejó que se celebrara los 15 de Septiembre, día de la Virgen de los Dolores. Sin embargo, este viernes tiene un importante significado al marcar el inicio de la Semana Santa o Semana Mayor, se inicia la preparación para participar de la Muerte y Resurrección de nuestro Señor Jesucristo.

También este viernes marca el inicio del éxodo de temporadistas decididos a alejarse de sus casas y disfrutar de un descanso. Este año les acompañará la Inseguridad, la escases, los altos costos, las fallas de electricidad y la carencia de agua en muchos sitios de la geografía nacional.

Este día amanece con sensación de resaca, los fríos dicen que "la cosa se enfrió". Tienes que tener twitter para enterarte de lo que sucede porque noticias no hay, la autocensura es una silenciosa traición al valor y al bravo pueblo.

Explicar las reacciones al dichoso acercamiento de parte de la oposición y el gobierno sería una mezcla de sentimientos, opiniones, puntos de vistas, demasiado extensa.

Bastaron las primeras horas de la mañana para coincidir, en general que las exposiciones de los políticos opositores aplastaron la retórica barata y sin contenido de los voceros maduristas.

Días después las propias encuestadoras pro gobierno, mostraban el triunfo de los opositores en las mentes del pueblo.

Lo que dijeron lo pueden encontrar en innumerables publicaciones, link, videos… las opiniones del pueblo son iguales de variadas, sin embargo, veo a un pueblo que reivindica al liderazgo político representado en la MUD, mientras un gran número piensa que no hay condiciones para el dialogo y es otra artimaña del gobierno de ganar tiempo mientras gana oxígeno.

Yo me quedo con dos frases muy puntuales, una pronunciada por El Secretario General de la MUD, Ramón Guillermo Aveledo… **"Los estudiantes tienen su propia personalidad, nosotros no podemos dialogar por ellos, podemos es insistir en que ese dialogo es necesario"** y la sentencia del Gobernador de Miranda, Henrique Capriles Radonsky, **"…o esto cambia o esto revienta…"**

Muchas reacciones, algunos me piden opinión y aquí se las emito:

Ante todo me declaro a favor de cualquier manifestación de protesta pacífica destinada a resaltar la enorme cantidad de problemas que nos agobian, debido a esto me he plegado a ella, con la responsabilidad que asiste al que debe cumplir con un deber a fin de aspirar a un derecho.

Considero que las acciones, TODAS LAS ACCIONES O EL CONJUNTO DE ELLAS, han propiciado una reacción en el gobierno, aunque me sienta inclinado a pensar que las mismas son solo intentos de abrazar excusas y ganar tiempo para la implementación de un sistema, a clara vista Inconstitucional.

Yo no puedo abandonar mi firme creencia en la diversidad, en el apego a la ley y en la universalidad de pensamientos y acciones, ya que de hacerlo, sería plegarme a OTRO sistema, igual de totalitario e ideologizante como el que pretendo combatir.

NO puedo concebir la unidad como una aplanadora de ideas, porque la unidad debe estar dirigida a alcanzar objetivos comunes a través de la diversidad de criterios y acciones, las cuales lejos de dividir, se complementan.

Yo no veo una oposición sectaria, yo veo y respeto a una oposición rica en ideas, en recursos, en líderes y en pensamientos.

La impresión que tengo es que no se están dando cuenta de que se necesita un ejército de ideas y acciones para hacer frente al homogéneo sector de pensamiento retrograda, militarizado y con suficientes recursos.

Yo identifico varios frentes opositores cuyos objetivos, hasta el momento, han sido los mismos:

- Libertad plena para todo los venezolanos que han sido detenidos durante estos meses de protesta.
- El cese de la represión brutal a las protestas pacíficas y la violación a los derechos humanos.
- Que se haga justicia por los caídos y desarme de los órganos parapoliciales.
- Cumplimiento de lo que establece la Constitución Venezolana.

Yo veo una oposición política, que hace frente políticamente a la situación y está representada mayoritariamente por los integrantes activos de la MUD. Existe una oposición política en la calle, representada mayoritariamente por el partido Voluntad Popular y liderada por los máximos exponente de "La Salida", Leopoldo López, Maria Corina Machado y el Alcalde Ledezma. Tenemos una oposición, pragmática, inteligente y luchadora, impregnada de futuro y con una alta potencialidad organizativa, esta está representada por los estudiantes, su protesta ataja todas las necesidades y carencias del presente, de lo cotidiano, ofreciendo soluciones a un gobierno ciego, sordo y alérgico a la inteligencia. De igual forma tenemos una oposición radical, que busca atajos, que quiere a los militares en la calle echando plomo a toda camisa roja que se le asome.

Decir que una corriente es más buena que otra, es contraria a la universalidad que representamos, todas se complementan y hasta se pueden diversificar aún más, puede variar la forma, la expresión, pero mantenemos el mismo fondo.

Amigos míos, tomemos una posición, seamos serios, lo que no nos podemos permitir es caer en divisiones ni chismes de pasillos. La denuncia desde lejos, debo reconocer, me fastidia, hacer vida opositora en la patria de Bolivar, no es fácil, y las bombas que reciben los opositores en "El Arepazo 2" de Weston, Florida, te hacen llorar de nostalgia, no de asfixia.

No quiero que malinterpreten mis palabras; muchos amigos y familia mía, hacen un esfuerzo, votan, denuncian y son nuestros voceros en el exterior... pero de pana, no me digan lo que "debo" hacer... aquí cada quien asume su compromiso personal para hacer lo que "pueda" hacer.

No nos podemos permitir el riesgo de quedar acéfalos como aquel fatídico 13 de Abril, fecha para mí doblemente traumatizante, pues se convirtió en el único cumpleaños que no celebré. En esa fatídica fecha se exterminó a la oposición, hundida por los intereses de pocos que no supieron administrar las aspiraciones de muchos. Años pasaron para rehacernos, años que aprovechó el Castro-Chavismo para colarse en la médula "mesma" de nuestra sociedad (¡Guerra! http://unaaventurallamadavida.blogspot.com/2014/03/guerra.html)

No creo que sin las acciones de TODAS estas corrientes opositoras, la MUD hubiese podido sentarse en Miraflores a decir lo que dijo en Cadena Nacional. De ahí lo importante de que cada quien haga lo que sabe hacer con la proa franca a los objetivos planteados.

Una vez aclarado el punto del Dialogo o primer round, continúo mi vida...

¡Llegó el papel! Después de múltiples aventuras, dignas de películas de vaqueros e indios, hoy se entregaron las bobinas de papel, las cuales le darían un respiro de unos 18 días a algunos Periódicos venezolanos, antes de desaparecer por la falta de materia prima... Noticias hay, pero papel ¡NO HAY!

¡Gracias Hermanos Colombianos por la ayuda!

Después de la mandada a callar del Sr. Allup al todopoderoso Richelieu Cabello, este último aseguró que no estaban planteadas "negociaciones". Al parecer lo que hubo o lo que habrá son reuniones de Té.

Durante una protesta pacífica que se realizaba al atardecer de este viernes en la avenida Luis Roche de Altamira, una joven de 21 años de edad fue arrollada cuando el conductor de un vehículo, hizo caso omiso a los señalamientos de que no había paso y aceleró.

Chacao vuelve a las calles... la represión continúa.

Sábado 12 de Abril del 2014

Hoy me viene a la memoria aquel 12 del 2002, después de ser testigo en primera fila de aquél fatídico 11, día en el cual Tiburón 1 sentenció a muerte a su propio pueblo. Recuerdo ese 12, cuando respiré uno de los aires más limpios de los que he podido respirar en toda mi vida, era como si el mundo dejó de ser en blanco y negro y comenzó la era del color... tal vez por eso fue tan duro volver al blanco y negro.

También me recuerda que hace un año cifraba mis esperanzas en una salida democrática y dejaba plasmadas mis aspiraciones en un articulo de mi Blog **"Y Mañana 13 son 49"** (http://unaaventurallamadavida.blogspot.com/2013/04/y-manana-13-son-49.html)

Mañana 13 son 50 y el recuerdo de un fraude, una traición y la perdida de una oportunidad. Listos o no, un año después, pienso que la salida era la calle, un año después estoy muy convencido de que #LaSalida "ES" #LaCalle!

Hoy los estudiantes marchan a Plaza Venezuela, es la primera marcha que no puedo acompañar. Hoy nuevamente se atenta contra un pueblo que hace uso de su derecho constitucional a protestar de manera pacífica, hoy contemplamos con horror, un año después otro fraude, un fraude a la Constitución, el pueblo es víctima de una brutal represión. Solo quiero dejar en claro que el derecho a la legítima defensa no es violencia. Una vez más las fuerzas "Nazionales" violan nuestros derechos y comenten otro delito de lesa humanidad. El futuro de la nueva Venezuela, nunca será brillante si le da paso a la impunidad.

Mientras tanto, a los pies de las oficinas de la ONU, un grupo de estudiantes inician una Huelga de Hambre. Debo reconocer que después de la muerte del Sr. Franklin Brito en el año 2010, hecho ocurrido después de 9 huelgas de hambre, quedó demostrado que a este gobierno le importa poco la vida de cualquier venezolano. Como ha quedado demostrado después de 41 muertos en 2 meses, víctimas de la represión. Este es un gobierno vampiro.

Domingo de Ramos 13 de Abril del 2014

Cumplo años. Me reciben los 50 años en brazos de mi familia, cosa que ninguno de los 24,763 venezolanos asesinados en el 2013 o los 41 muertos en 2 meses de protestas podrán hacer.

Me recibe un hermoso amanecer y me dirijo a cumplir, junto a mi familia, la devoción católica del Domingo de Ramos, fecha en la cual los cristianos conmemoramos la entrada triunfal de Jesús de Nazaret en Jerusalén, aclamado por la multitud, días antes de su pasión, muerte y resurrección. No puedo dejar de pensar en cuan parecidos son los pueblos a través de la historia, los que hoy te aclaman mañana te podrán crucificar... así de simple.

La liturgia es interpretada por el sacerdote y 2 ayudantes, el evangelio trata de la Pasión y Muerte de Jesucristo... es difícil desligar las lecturas de nuestra realidad, y menos cuando acostumbro ir a ellas en busca de guía (como les comenté en mi publicación anterior). Escucho y una vez más se me dispara el empático y el dolor inflama mi corazón... los años parecen acrecentar el sentimentalismo.

Escuchando me impresionan tantas situaciones que hoy vivimos, entre ellas, me impresiona encontrarme con que Judas es la primera evidencia histórica del "Cuanto hay Pa' eso" (Mateo 26:14-16) y también es un fiel ejemplo de salto de talanquera, al final termina colgado de un árbol.

No todo el que te besa o abraza lo hace por amor (Mateo 26, 14-25)

Así también, hasta el que te dice hermano, el pana, el compañero del alma, el padrino de tu hijo, el camarada o compañero de partido, te puede negar cuando está asustado (Lucas 22:54-62)

En todos los bandos hay violentos (Lucas 22:45-54)

Devolviendo los reales no se escapa de la pena (Mateo 27)

La justicia siempre se ha peloteado al inocente, la democracia es imperfecta cuando el pueblo es ignorante y manipulable; y no por lavarte las manos y quedarte en tu casa sin hacer lo correcto te exime de culpas. Omitir es tan grave como hacer mal. (Lucas 23:1-25)

Hoy, 1981 años después, crucificaríamos al Hijo de Dios sin pestañear. Cambien nombres, cambien lugares, cambien la gente, seguimos haciendo lo mismo...

Apago 50 velas, gasean Chacao y atacan el campamento Libertad en la Plaza Bolívar de Chacao... un año más, una batalla más...

Lunes Santo 14 de Abril del 2014

Hoy hace un año despertamos prisioneros de nuestra vocación democrática. Tocando cacerolas y encerrados en la casa. Hace un año, le pedíamos, ilusamente, a los poderes que "deberían" estar separados, una auditoría total del sistema, atención a los delitos electorales, justicia ante las violaciones de nuestro derecho a elegir.

Hace un año nos pidieron confiar en el sistema, nos solicitaron un voto más... el de la confianza en el liderazgo opositor y también dimos ese voto.

Hoy hace un año "No Cobramos" para evitar un derramamiento de sangre... 30.000 muertos después, decidimos cobrar, hoy estamos en donde deberíamos haber estado, #EnLaCalle.

Hoy aparece Nairobi... felicidad, sorpresa, rueda de prensa, no hay preguntas, pide respeto, sonrisas cómplices, surgen extrañas relaciones, dudas, decepción... y todo en el mismo paquete.

Amigos míos, ya antes les he dicho que vuestra última trinchera es el corazón, si quebrantan la confianza, te habrán derribado tu última trinchera... la duda, la desconfianza crece como la mala hierba.

Y los expertos en Guerra Asimétrica, son expertos en eso. La desconfianza inmoviliza y divide.

Si la muchacha está en su casa, Gracias a Dios, si es algo más... ese es su problema. Los que luchamos no pagamos ese rescate y tenemos desaparecidos y detenidos, no tan famosos ni dramáticos que necesitan de nuestra atención.

Martes Santo 14 de Abril del 2014

Voy a Valencia, en la autopista, frente a DAKA Valencia, Edo. Carabobo amanecen barricadas, fuertes enfrentamientos y en las calles de Mañongo reaparecen los cierres de vías

La MUD y el gobierno reinician reuniones destinadas a establecer el dialogo, esta vez a puertas cerradas. Lo que hacen con las manos lo desbaratan con los pies. Venezuela quiere transparencia.

Primera petición, libertad para los presos políticos es rechazada, según el gobierno NO HAY presos políticos, hay políticos que han infringido la ley…

Comienza un movimiento Nacional a favor a dos Doctoras Privadas de libertad por ayudar a los estudiantes… los gremios se reúnen, se habla de posible huelga, en la tarde liberan a los médicos detenidos en el Estado Bolívar.

Miércoles Santo 15 de Abril del 2014

Día del Nazareno, Jesús carga la cruz, asume un castigo sin defenderse, se inclina ante un solo Juez… ¡Dios!

Visito el recién instalado Campamento Libertad El Samán en Valencia, Estado Carabobo, escucho a los muchachos, les acompañamos volanteando. Están claros, esto no es juego, su protesta es concreta, es clara y contundente. Protestan por lo que a ti y a mí nos afecta todos los días, son nuestra voz mientras twitteamos o vemos la TV en la casa.

Están organizados mientras vas a pasarte unos días en la playa, para ellos el futuro se agota, no hay vuelta atrás cuando el futuro depende del ahora. A lo mejor tú tienes una vida, ellos apenas la comienzan y reclaman su derecho a vivir su vida en libertad e igualdad de oportunidades.

Esa tarde marchamos con antorchas y velas, reunidas 5 religiones en 5 estaciones con un mismo mensaje, PAZ y con el convencimiento de que la paz solo se logra con justicia, con verdad, con igualdad. Algo que espero, tus hijos no tengan que pedir un día no muy lejano.

La Paz es incluyente, es generosa y solo crece en el terreno de la libertad. Esa libertad regada por la responsabilidad que reúne la mezcla fina de derechos y deberes.

Esa noche duermo orgulloso de nuestro futuro… de nuestra valiente juventud.

Viernes Santo 17 de Abril del 2014

El Viernes Santo es una de las principales celebraciones del Cristianismo, dentro de la Semana Santa. Este día se recuerda la Muerte de Jesús de Nazaret.

Ese día retorno a casa, atrás queda el trabajo realizado en Valencia, moviendo conciencias y orgullosos de nuestra juventud, regreso también escapando del agua…

El Agua… hace tiempo que llevo mi agua de beber a Valencia, además del desagradable olor, no puedo evitar regresar con fuertes problemas estomacales, en esta oportunidad fui ingratamente sorprendido al recibir mi primer baño.

Vamos a estar claro, ¿qué se puede esperar de un país en donde un Ingeniero que fracasa en un área relacionada con su experticia, es retirado dejando su fracaso atrás y premiado a dirigir a la Dirección Ejecutiva de la Magistratura?.

¿Qué podemos esperar de militares gerenciando instituciones civiles, choferes dirigiendo países y un equipo de fracasados que juegan con la economía durante 14 años y ahora nos dicen que "tienen la solución"?.

Solo me basta imaginar, al funcionario de guayabera roja que decidió que si el agua de Carabobo tenía más contaminación, solo tendría que agregar más cloro.

¡Arde en la piel! En un momento era tan intenso el olor que tuve que salirme de la ducha porque entre el encierro del baño y los gases no paraba de toser.

Es que ni siquiera deben saber usar una computadora… ¡busquen por internet!

Es importante que el cloro residual, se encuentre en niveles seguros para el consumo humano. Si este se encuentra en exceso, puede resultar tóxico. Además, por ser una substancia tan activa, un exceso de cloro puede reaccionar con distintos compuestos orgánicos, por lo que aumenta el riesgo de que se produzcan trihalometanos, que son compuestos carcinógenos para el humano. Ahí les dejo uno de los muchos link que les habla de cómo usar el cloro en el agua y sus efectos… ya no tienen que buscarlo, ahí se los dejo, como les gusta, papayita puej!

(El Uso del Cloro en la Desinfección del Agua http://hispagua.cedex.es/sites/default/files/uso_cloro.pdf)

Esto es a lo que debe aspirar un país, tenemos que entender que merecemos funcionarios públicos, responsables, preparados para los cargos que ocupan. Pedimos autoridades competentes, no aspiramos a golpes de estado… aspiramos a recibir los servicios por los cuales pagamos, nunca olvidemos que el gobierno es el administrador de nuestros recursos, elegido por nosotros.

¡Entendamos de una vez que EL PUEBLO ES EL JEFE!!! Y debemos preparar al pueblo para ejercer sus derechos, tanto como sus deberes.

Lo primero al llegar, fue correr a darme un baño, tuve que esperar un rato, no había agua ni luz. Lo normal puej.

Mi premura era acompañar a mi Padre en el pago de su promesa. Hace 50 años realizó una promesa a nuestro creador, pidiendo por la vida de éste, quien escribe. Quise acompañarlo para agradecer una vez más por el padre que tengo cocreador de mi existencia.

Es impresionante el movimiento alrededor del Santo Sepulcro, año tras años los cristianos acompañamos a Jesus a su entierro y después lo dejamos enterrado, imagínate, si lo hacemos con nuestros deudos. Un año visitándolos a cada rato y después hasta nunca.

Acompañamos a un hombre que solo hizo el bien, un ser víctima de la conspiración, de intereses oscuros y egoístas; básicamente fue acusado de "cualquier cosa" a fin de mantener a unos pocos en su zona de confort.

Un hombre culpable de hablar de Justicia, de amor y libertad. Aplaudido por muchos, odiado por pocos y traicionado por todos. Caminamos ante el Jesús víctima de una justicia viciada, acomodaticia a los intereses de un grupo. Acompañamos el cuerpo de un hombre justo, traicionado por las masas manipuladas por autoridades corruptas. Un Justo víctima de un Juez que prefirió lavarse las manos, posiblemente para "conservar el cargo".

Caminamos al lado de una Madre que vio como su hijo era víctima de la gente que tanto amó. Una Madre que llora a su hijo caído por la injusticia. Caminamos al lado de una Madre que acompaña al cuerpo inerte de Alejandro Márquez, Geraldine Moreno, Bassil Da Costa, Juan Montoya, Glidis Chacón, Jesús Enrique Acosta, Luis Gutierrez, Deivis Durán, Eduardo Anzola, Elvis Durán, Doris Elena Lobo, Julio González, Gisella Rubilar, José Gregorio Amaris, Acner López, Giovanni Pantoja, Antonio Valbuena, Arturo Martínez, Ramzor Bracho, José Guillén, Adriana Urquiola, Miguel Antonio Parra, José Ernesto Méndez, Mariana Ceballos, Argenis Hernández, Roberto Redman, Génesis Carmona, Wilmer Carballo, Daniel Tinoco, Angelo Vargas, Guillermo Sánchez, Juan Labrador, Jhon Castillo, Wilfredo Rey, José Darma, María Julieta Heredia, Luzmila Petit de Colina. Jimmy Vargas, Franklin Romero, Roberto Annese, Joan Quintero, entre otros miles más.

Miro a mi Padre, a mi madre, a mi esposa, a mí querida cuñada... los mismos que marchan conmigo, ahora marchamos ante el justo, injustamente asesinado por un gobierno corrupto. Por ese Cristo sigo marchando, porque siempre habrá alguien que diga basta a la injusticia y en nombre de lo más sagrado, el descanso no es opción ante tantos Cristo.

En Chacao, nadie puede acompañar al Cristo en el sepulcro, la celebración se hace a puertas cerradas, el humo de las lacrimógenas cubre la parte alta de la iglesia, un cargador de la procesión está herido con perdigones… continúa la represión… cristo sigue siendo muerto y sepultado.

Sábado 19 de Abril del 2014

Hoy se cumple 1 año desde que el ilegítimo es juramentado en el cargo, los estudiantes pida el retorno del "Estado de Derecho", el Parlamento Europeo anuncia que enviará una comisión al país, son muchos los casos de torturas denunciados y sustentados, mientras tanto se pudren gran cantidad de alimentos valorados en más de 10 millones de Bolívares, seguramente tampoco esta vez tendremos culpables.

Un reportaje habla de que 4.658 reclusos quedaron en libertad con Plan Cayapa en 2013… ¿A qué precio?

Hoy hacemos el viacrucis por los supermercados… a tratar de conseguir alimentos, antes de que se pudran… si es que ya no lo están...

Domingo de Resurrección 20 de Abril del 2014

Los acontecimientos aquí narrados no son más que una muestra de mis mayores impresiones, mientras las horas transcurren, varias ciudades siguen luchando, luchas valientes y constantes ante la cruel represión de los organismos de "Seguridad".

Hoy domingo recordamos a Cristo vencedor de la muerte, un cristo vivo y presente que se sobrepone a la muerte, a la injusticia, a la traición. Un hombre, una idea, creas o no en Él, ¡Sabes de Él!

1981 años después es buena noticia, noticia de que SI SE PUEDE, noticia de salvación, de liberación.

Hoy está más vivo que nunca, porque nos pondrán en el circo romano para ser parte del espectáculo sangriento de los Dictadores y de su chusma sedienta de sed, pero los valores verdaderos, fundamentados en la verdad de los derechos que nos reivindican como seres humanos, siempre se sobrepondrán sobre los intereses mezquinos de las minorías absolutistas.

Porque la verdad se impondrá sobre la mentira, la justicia sobre la injusticia y la luz sobre la oscuridad. Porque la historia está plagada de monstruos olvidados y coronada por la épica historia de pueblos sublevados contra el totalitarismo y la dictadura.

Hoy vivimos la Resurrección de un pueblo, el espíritu libertario reencarnado en la juventud militante de la libertad y la justicia.

Hoy Venezuela ve resucitada a la Juventud inmolada en la victoria!

¡¿Quien recuerda a Boves!?

El 12 de Febrero recordamos a **LA JUVENTUD**.

¡Y ESTE 12 DE FEBRERO RESUCITÓ LA JUVENTUD DE

VENEZUELA!

Adelante hermanos, que voy por 50 años más en ¡LIBERTAD Y PROGRESO!

Dios nos bendiga, Fuerza y Fe..

Publicado el 28 de Abril del 2014
http://unaaventurallamadavida.blogspot.com/2014/04/querido-diario-santo.html

CAPÍTULO 19

MI RESPUESTA A UNA PERSONA MUY QUERIDA...

Defender el pensamiento libre es un asunto delicado, ya que nos expone a escuchar literalmente, cualquier cosa. Y es que la verdad pasa por muchos filtro, paradigmas diseñados en toda una vida de percibir. Porque a la larga, la mayoría tenemos una percepción de educación, adobada por mucho de vida.

En días recientes, en una conversación bastante liberal, una persona muy querida, me dijo ese tipo de cosas que no respondemos en el momento, porque lo primero que viene en mente puede ser tan desagradable como la saeta lanzada en contra de mis actos y principios.

Madurar esa respuesta, debo reconocer me costo par de días, y nada mejor que usar el Facebook, ya que la presencia física no era posible. Sin embargo, por insistencia de mi "costilla", la hice pública, ya que dejaba en claro, en forma bastante simple, mis razones, mi lucha personal y en breves palabras, el futuro al que aspiro.

Debo reconocer que me sorprendió la respuesta general a mi comentario, mi sentir es compartido por más de uno, el cual manifestó su compromiso en lo que creo, transformando mi Yo en colectivo... Colectivo del bueno, del que desarrolla, del que sueña y trabaja porque la belleza se haga realidad.

Sin más preámbulos, aquí les dejo la respuesta, tomada de mi Facebook el 16 de Mayo del 2014:

"Hace unos días, una persona muy querida, replicaba a mis comentarios acerca de nuestro compromiso en esta hora menguada, que mis responsabilidades no eran las mismas que las suyas, yo no tenía jefe, ni hijos que tuviera que cuidar.

Afirmación que creo necesaria contestar porque a todos nos toca, de una u otra forma.

Los que me conocen saben de mi gusto por viajar, una playa, un invento. Saben que me gusta un Restaurante o disfrutar frente a una copa la reparación de la humanidad o simplemente la contemplación de momentos pasados y la aventura que representaran los momentos futuros.

Disfruto de mis amigos, ver a la familia en Valencia y disfrutar de mis sobrinas y sobrinos cada vez que puedo.

Saben que me encanta un dominó con una cuba libre o un domingo recostado simplemente viendo televisión.

Quien me conoce sabe que siempre he manifestado mi posición, como ciudadano responsable, conocedor de mis deberes y de mis derechos.

He firmado y reafirmado, votado, me han disparado, amenazado, gaseado, escapado, corrido, enlistado, escondido y he marchado por lo que creo.

He manifestado en persona a individuales, grupos, opositores, chavistas, maduristas, mis opiniones cuando me las han solicitado. De igual forma las he twitteado, bloggeado, instagrameado, whatsappeado, messengeado y SMSeado.

Marché el 12 de Febrero del 2014 con la Juventud Venezolana y una vez más nos atacaron... como muchas veces me han escuchado decir, no me lo contaron... mi esposa y yo estuvimos ahí.

Desde ese preciso momento, hemos acompañado al movimiento que ha nacido cuando nuestra realidad se ha quebrado.

En realidad nunca he esperado que hagas algo, los seres humanos son como son y faltan muchísimas generaciones para cambiarnos. Sin Ovejas no existirían Pastores, ni pastores sin lobos y no todo el mundo es capaz de actuar por iniciativa propia. No a todos les gusta pensar, de ahí el éxito de la publicidad y la propaganda, es fácil manejar pensamientos enlatados.

Ni todos pueden ser líderes, ni todos empleados. No todos saben administrar y muchos ni siquiera lo saben hacer en su hogar.

Si a alguien le suena grosero mi comentario lo lamento en el corazón, porque no es mi intención, tan solo hago uso a mi derecho de manifestar mis sentimientos y pensamientos, en mi muro, de mi Facebook al cual puedes acceder porque yo te he dado el permiso de hacerlo y te he dado la libertad de que comentes lo que tú quieras, porque considero que es tu derecho sagrado.

Mi lucha no es por un cargo, porque desde mi primer trabajo formal, a principio de los 80, los únicos que me ayudaron en los malos momentos fueron mis padres y mis suegros, nunca dependí del estado porque ni el Paro forzoso me pagó cuando lo necesité y solicité.

Es verdad, no tengo jefe, y no lo tengo porque cansado de buscar trabajo, decidí reinventarme y cual Fénix surgí de mis cenizas, lamentos y miserias, para crear mi propia empresa, la cual hoy día mantiene a más de uno. Y curiosamente, no tengo hijos pero los hijos de mis empleados dependen de mí.

Mi lucha es porque mis sobrinas y sobrinos nunca tengan que pelear mis peleas. Porque crezcan bien nutridas, felices y bien educadas. Para que su pensamiento e ideas nunca se vean limitados y puedan hacer realidad sus sueños más descabellados.

Mi lucha es porque mis padres puedan descansar, disfrutar los muchos o pocos años de vida que le queden en forma digna, pudiendo elegir, disfrutar y vivir lo que tanto han trabajado.

Mi lucha es por una Venezuela sin colas, de buenos servicios cuyas calles tengan más flores y menos balas.

Mi lucha es porque pueda volver a disfrutar un fin de semana y la cola sea esperando la lancha en Tucacas en lugar de pasarla frente a un supermercado para comprar papel toilette, leche, café o harina.

Mi lucha es para caminar a las 8 de la noche por cualquier calle de mi país, de la mano con mi esposa y llegar vivo a mi casa. Me encantaría tener la ventana del carro abierta en la cola, salir del cine o en la noche y no huir asustado a ocultarme en mi casa.

Mi lucha es por protestar contra el recalentamiento global y no por comida, trancar la panamericana para proteger a las perezas y no porque matan impunemente a una mujer embarazada. En otras palabras ansío el día en que tenga tiempo de protestar por pendejadas.

Mi lucha es porque me pueda atender un hospital y no tenga esta desesperación tan grande cada vez que me llegue la prima de la póliza de HCM.

Mi lucha es por mi manía de leer, ver, escuchar lo que quiera y no lo que otros consideren que debo leer, ver y escuchar.

Mi lucha no es por ti, es para ti y para los que amo, inclusive los que aún no sé que amo porque no les conozco.

Los que luchamos, ya no te pedimos que luches, simplemente no estorbes, no luchamos por parcelas, porque lo que ganemos lo ganaremos para todos. Tú sigue con TUS RESPONSABILIDADES.

Porque si no vuelve a saber de mí, es porque me fui detrás de una RESPONSABILIDAD mayor a las mías, me fui detrás de VENEZUELA…"

Publicado el 19 de Mayo del 2014
http://unaaventurallamadavida.blogspot.com/2014/05/mi-respuesta-una-persona-muy-querida.html

CAPÍTULO 20

UN PAÍS CON SUBTÍTULOS

Era finales de Septiembre del año 1995, después de mucho trabajo y planificación, me preparaba para realizar mi primer viaje al exterior. Obviamente, al igual que un gran porcentaje de la población venezolana, el destino elegido era lo más próximo posible a Mickey Mouse.

Que fantástico acontecimiento, era un país en el cual CADIVI se llamaba RECADI, aunque con la gran diferencia de que el barril de petróleo costaba 16$ el barril, mientras ahora ronda los 100$ (de paso en 1995 se producía 2.14 millones de barriles por día mientras que hoy, "según" se producen 3.18 millones). ¡Saquen cuenta puej!

En fin, mi llegada al imperio fue impresionante. Del aeropuerto saldría en Monorriel al "centro" del aeropuerto, mientras que en Maiquetía un autobús me llevó al avión… alquilé mi primer auto, un fantástico último modelo Chevrolet *Sunfire*… el mismo que años después llegaría a Venezuela como "Cavalier".

Maravillas de vías, ni un solo hueco y menos un perro muerto en medio de la autopista. Estaba totalmente perdido para conseguir la Turnpike para llegar a Orlando, ni una montañita que me señalara el Norte, cuanta falta me hacía El Ávila. Queeeee caaaarrooooos, que camiooooneees… el país parecía un escenario gigante.

Ya al llegar al "Resort" me sentía parte del elenco de Miami Vice…

La habitación estaba más equipada que mi casa y llegué emocionado al enorme TV con cable (lejos estaba en ese momento el cable de mi vida cotidiana). Enciendo el TV y todo en inglés. Para la fecha, aun los latinos no habían subido tan al norte del Soleado Estado de Florida.

Que falta me hacían los Subtítulos. Debo reconocer que al principio cuando la gente me hablaba, inmediatamente les veía el pecho esperando a que aparecieran las dichosas letritas con la traducción correspondiente.

Había entrado a vivir una película sin Subtítulos, definitivamente no iba a ser fácil.

Mucho tiempo ha pasado desde esa experiencia, mi ingles mejoró mucho y los Subtítulos se hicieron parte de la cotidianidad, especialmente con la llegada de la TV por cable, del satélite y el chavismo…

Y con este último comenzamos a vivir una especie de discurso Presidencial "**Subtitulado**".

Personajes como Jorge Olavarría, Luis Miquilena y Jose Vicente Rangel, se convirtieron en los traductores del mensaje presidencial más o menos el Subtítulo del presidente, pero en diferido. Cada día se hacía más frecuente la sentencia *"Lo que quiso decir fue..."*

Tarde fue para los dos primeros, el darse cuenta de que "lo que quiso decir" era exactamente lo que había dicho.

En casi 14 años, el Subtítulo Presidencial se convirtió en obligación del funcionario con la experticia correspondiente, en el campo aludido. Cada día el presidente hablaba más y se traducía más.

Aunque el creador del "Discurso Subtitulado" no se encuentra entre nosotros, a pesar de que algunos siguen pegados, cual parásitos, a su imagen por falta de una propia. El Subtítulo se ha convertido en el estilo, el cual mejor describe a la "guabinosa" declaración oficial, en las relaciones internas, así como externas y "Dialogales, dialogantes o dialogables".

De igual forma, la ineptitud o incapacidad de los funcionarios a la hora de ejercer cargos ganados por dedocracia, hace cada día más común, el eterno comentario de *"Tomaron mis declaraciones fuera de contexto"* acompañada por la aclaratoria de otro funcionario encargado del Subtítulo.

Después de 15 años, el Subtítulo se ha convertido en parte fundamental de la mentira que vivimos, del vicioso sistema al cual nos estamos acostumbrando "a paso de vencedores". Cada día es más frecuente decir y escuchar a nuestros padres, hermanos, familia, jefes, empleados, etc. La célebre frase "NO, lo que quise decir fue..." (A falta de quien nos Subtitule).

En días pasados se llevó a cabo la presentación de Leopoldo López (@leopoldolopez), a fin de determinar si procedía la causa en su contra. Por pruebas fueron presentados videos de sus discursos y su cuenta de twitter. La decisión, nada sorprendente, fue que debía quedar detenido, debido a la "firmeza" de las pruebas en su contra.

Leopoldo López, ni siquiera ha quedado detenido por lo que dijo o lo que escribió, sino por lo que "Quiso escribir", por el "Mensaje subliminal" de sus discursos y escritos. A Leopoldo López le han aplicado el Subtitulado gubernamental.

¿Ahora quien sigue? El siguiente puedo ser Yo, puedes ser Tú…

Venezolano, venezolana, ha quedado demostrado que tus hechos o palabras no son lo que tú crees, son lo que ellos quieran creer.

¡Nuestra lucha no es por ideas, nuestra lucha es por hechos, realidades y carencias!

¡Y la mayor carencia de la que estamos padeciendo es la **CARENCIA DE VERDAD Y LA VERDAD NO NECESITA DE SUBTÍTULOS NI TRADUCCIONES!**

Podrás decirme mil veces que tengo comida suficiente, pero la verdad es que tengo hambre...

¡Y no hay Subtitulo que me convenza de lo contrario!

¡VENEZUELA DESPIERTA! ¡NO DEJES QUE SUBTITULEN TU VIDA Y MENOS QUE LA TRADUCCIÓN SEA HECHA EN CUBA!

P.D. Ayer 10/06/2014, le pasé a mi editora, léase esposa, para que hiciera las correcciones pertinentes a mi artículo, cosa que habitualmente hace en nuestro viaje de regreso a casa, sin embargo, un comentario en twitter nos distrajo y ocupó todo el viaje, razón por la cual la normal discusión de mis ideas quedó pospuesta.

La noche de ayer, mientras nos preparábamos para dormir, leo en twitter la salida de Luis Chataing de su espacio habitual en la televisora nacional TELEVEN, debido a "presiones gubernamentales".

Debo reconocer que Luis debe ser un grave problema, en el contexto de este artículo, ya que el humor, en especial cuando es inteligente, debe de ser muy difícil de "Traducir", en especial para estos gorilas incapaces de ideas coherentes.

Hoy en la mañana, mientras conduzco a la oficina y fotografío al vendedor de jugo de naranja natural, en medio de la autopista, escucho el que debe ser el programa con más rating que haya conducido el conocido profesional.

En sus palabras cargadas de sentimiento, claridad, valentía y mucho profesionalismo, se escuchan las verdades incómodas que una gran parte de nuestro pueblo no quiere escuchar, pero que en este momento, esa necesidad morbosa típica del ser humano, nos impide evitar escucharlas.

En sus palabras, se siente el homicidio diario a los sueños, a las ideas, a las libertades, al derecho al trabajo propio y de todos los venezolanos que hacen posible la producción de su programa. Entre sus contundentes y entrecortadas palabras, porque así es la verdad, contundente, una canción de Alejandro Sanz nos dice que *"no es lo mismo ser que estar, no es lo mismo estar que quedarse, ¡qué va!" "que sepas que hay gente que trata de confundirnos pero tenemos corazón que no es igual, lo sentimos... es distinto"* y termina sentenciando *"vale... que a lo mejor me lo merezco bueno... pero mi voz no te la vendo puerta... y lo que opinen de nosotros... léeme los labios, yo no estoy en venta..."*

Lo siento Luis, lo siento por ti, por tu equipo, por tu familia, por Ximena, Ximenita y Luis Ignacio, pero más lo siento de los millones de venezolanos que permanecen rodilla en tierra, atrapados por la indiferencia, incapaces de volverse a levantar. Tú estas hecho para volar alto, porque si algo tienes intacto es la capacidad de soñar en la guarimba de tu corazón y más temprano que tarde estarás a la altura de tus sueños… como siempre.

Es sencillito, si hay algo que no puede ser Subtitulado son los sueños…

Y espero me perdonen por el más grande Post Data que he hecho! Ahora sí...

¡Dios les bendiga!

Publicado el 11 de Junio del 2014
http://unaaventurallamadavida.blogspot.com/2014/06/un-pais-con-subtitulos.html

CAPÍTULO 21

EL ARCA

"Viendo Yahveh que la maldad del hombre cundía en la tierra, y que todos los pensamientos que ideaba su corazón eran puro mal de continuo, le pesó a Yahveh de haber hecho al hombre en la tierra, y se indignó en su corazón. Y dijo Yahveh: «Voy a exterminar de sobre la faz del suelo al hombre que he creado, desde el hombre hasta los ganados, las sierpes, y hasta las aves del cielo porque me pesa haberlos hecho.» Pero Noé halló gracia a los ojos de Yahveh"
Génesis 6, 5-8

Dudo que alguna persona en este planeta no conozca **El Arca de Noé**, y menos desde que el Gladiador Russell Crowe nos impresionara con su actuación en el film de Darren Aronofsky, **NOE** (2014).

Para los simples mortales, acostumbrados al temor a Dios, la historia de Fe bíblica, nos recuerda lo fútil de nuestra existencia ante el poder de Dios.

Muchas veces me he preguntado ¿cuál sería el pecado de los Dinosaurios?.

Sin embargo, el Arca de Noé es la historia del "Diluvio Universal" más conocido, al menos en occidente. Resulta que, de Diluvios Universales tenemos cuentos en casi todas las civilizaciones antiguas.

Es así como, además del Diluvio de Noé, el pueblo Mesopotámico cuenta la historia de Uta-na-pismit, con una exactitud impresionante y a veces hasta textual del diluvio Judeocristiano. Muy bien, muchos de mis lectores ya están pensando que seguramente el texto bíblico no es más que un chisme Mesopotámico, pero ¿qué me dicen del diluvio descrito en las Escrituras Védicas de la India en donde el Rey Manú, advertido por el dios Visnú, es salvado de la destrucción de las aguas, en su barco?.

O el Diluvio Griego, enviado por Zeus para poner fin a la raza humana por haber aceptado el fuego que Prometeo había robado del Monte

Olimpo. Prometeo le dijo a su hijo Deucalión y a su esposa Pirra, que construyesen una embarcación, en la cual dispusieron de lo necesario y así sobrevivieron.

Pero este relato no se contiene en Europa o Asia. En América, el pueblo Mapuche fue salvado del diluvio en la montaña sagrada del dios serpiente Treng treng vilu; los Mayas sufren la inundación producida por Uk'u'x Kaj ("Corazón del Cielo") o Jurakan, Madre y Padre de los dioses. Así también, en el manuscrito Mexica denominado Codice Borgia (Código Vaticano), se recoge la historia del mundo dividido en edades, de las cuales la última terminó con un gran diluvio a manos de la diosa Chalchitlicue.

Entre los Incas, la deidad Viracocha destruyó a los gigantes con una gran inundación y 2 personas, Manco Capac y Mama Ocllo repoblaron la tierra.

En Bolivia los indígenas Uros dicen que fue en el Lago Titicaca, donde se vieron los primeros rayos del sol, después del gran diluvio. Los Kawesgar de Tierra de fuego sufrieron el diluvio por cazar una "Nutria". Los Taínos del Caribe fueron víctimas del dios Yukiyu, salvándose de la inundación en el bosque pluvial del Yunque, en Puerto Rico. Los Guaraní sufrieron el diluvio por culpa de su Adán "Jeupié", quien no mató a su hermano pero copuló con su tía. Los Pascuense de la Isla de Pascua llegaron ahí escapando del diluvio en el mítico continente llamado Hiva y hasta en la nación africana de Chad, la tribu Moussaye cuenta que, por culpa de una madre que rompió el cielo con un Majador al "hacer harina", la tierra se inundó.

Y pare usted de contar cuantas civilizaciones hablan del diluvio, de la ira de algún dios y del fatídico fin de la raza humana y su Segunda Oportunidad.

Entre Mitos, Leyendas o realidades históricas, los seres humanos tenemos una capacidad infinita para exasperar a nuestro o nuestros creadores, al igual que un hijo a su padre, sin embargo, siempre, al igual que la mayoría de nuestros hijos, tenemos Segundas Oportunidades.

Segundas Oportunidades salidas de la desesperación, del inevitable sentimiento de fatalidad que nos inunda en los momentos de grandes calamidades, Segundas Oportunidades de los NOÉ y familias sobrevivientes, después de presenciar la devastación apocalíptica de una o dos bombas atómicas, para erguirse potencia en una misma generación. Segundas oportunidades en naciones asoladas, llenas de la devastación por 2 terribles guerras y que en la misma generación se levantan con todo su poder y como una sola nación. Naciones diezmadas por el racismo, la diferencia de credo, separando familias, dispersándoles, exterminándoles, para en una misma generación surgir convertidos en Nación.

Desde que salimos de las cuevas, los seres humanos hemos sido capaces de levantarnos desde el más profundo hoyo de nuestras miserias, nos hemos elevado y atrevido a soñar, a crear, a moldear nuestro entorno en pos de hacer realidad nuestros más absurdos sueños hasta repoblar la tierra.

Hemos caído… pero nunca dejamos de soñar y unos pocos han sido suficientes para trabajar y hacer realidad los sueños de muchos.

Solo un puñado de hombres y mujeres han sido necesarios para elevar el alma humana, un puñado de artistas, constructores, científicos, escritores, poetas, políticos y hasta soldados se han puesto al frente de la gran aventura del desarrollo de nuestras sociedades y como dijo el Dr. Martin Luther King, en aquel memorable discurso en Washington en 1963, *"Yo tengo un sueño…"*

Era la noche del 27 de Junio del presente año, cuando reunido con amigos muy queridos, rojos rojitos por cierto y trabajadores de la administración pública, nos sentamos a construir el país que queremos todos. Un país en donde yo pudiera desarrollar mis ideas, en donde ellos pudieran servir sin ataduras burocráticas… un país con sentido y futuro. Me esmeraba en explicar, con la vehemencia que me caracteriza, cuanto podemos hacer juntos.

En mi visión de país, "SIEMPRE" hay tiempo y recursos, tenemos muchas más posibilidades y potencial que Japón o Europa, sencillamente tenemos con que sin mover un dedo.

La realidad es que somos productores de la materia prima que mueve el mundo actual. Venezuela no tiene derecho al fracaso, a menos que los venezolanos lo permitamos.

Los que me conocen, saben que Dios me dotó de par de dones, los cuales me hacen percibir al universo con otros colores; los que me han leído, saben que puedo ver lo mejor de todo y puedo sentir empatía con todos los seres.

No soy anormal, simplemente he aprendido a observar, oler, escuchar y sentir, en lugar de pasar de largo. He entendido que, el ahora, es lo único que verdaderamente tengo. He permitido a mi corazón sentir por encima de cualquier cosa. De ahí mi pasión, de ahí mi vehemencia en la defensa del diario descubrimiento en mi maravillosa aventura de vivir.

Esa noche me acosté a dormir, quedando aplastado por el peso del diario acontecer y el tamaño de mis sueños.

A las 2:50 a.m. me desperté al escuchar una voz.

Era clara, me espantó su gravedad, su cercanía. Solo 3 palabras…

"CONSTRUYE UN ARCA"

Después del susto al pensar que había escuchado a un ladrón (nada fuera de lo común, en los tiempos que vivimos), la alerta de mis perras al verme incorporado de un salto y el manotón para que me acostara de mi esposa, no pude más que esbozar una sonrisa. El perfecto Asado Negro de mi mamá consumido a las 11:00 p.m. se estaba convirtiendo en pesadilla.

2:57 a.m....

"CONSTRUYE UN ARCA"

Otra vez salté... pero en esta oportunidad muchas ideas se abrían paso en mi cabeza. Las imágenes de la marcha por la independencia del 24 de Junio, se fundía con la de otras tantas marchas, los muertos y torturados...

"CONSTRUYE UN ARCA"

La cola para comprar aceite de hace unos días y las imágenes de las cientos de colas de venezolanos esperando algún artículo de primera necesidad...

"CONSTRUYE UN ARCA"

El petróleo a más de 100 dólares el barril y Venezuela sin pagar sus deudas con propios y extraños, la entrevista en la radio, el sistema de salud desecho, mientras culpan a las clínicas y a los seguros privados de no cuidar a la gente y de forma teatral el estado desvía miradas y se deshace de responsabilidades...

"CONSTRUYE UN ARCA"

La masacre de venezolanos en 16 años, recogiéndonos temprano para no ser víctimas del hampa y el gobierno otorgando, por Gaceta Oficial, permiso para acabar con quien pretenda protestar...

"CONSTRUYE UN ARCA"

Cada día se incrementa aún más, la crisis con los servicios; la luz falla; el agua escasea y el país sólo produce miedo y miseria. La prensa desaparece con el papel y la censura, no hay televisoras libres, no hay inversión... los jóvenes estudiantes luchan en las calles al sentir cercenado su futuro... el país se hunde en mediocridad, podredumbre de comida enterrada. Nos hundimos en medio de culpas epistolares, Cartas de funcionarios, reconocimientos de Ministros de que la cosa *"como que ha fallado"*.

"La tierra estaba corrompida en la presencia de Dios, la tierra se llenó de violencia. Dios miró a la tierra, y he aquí que estaba viciada, porque toda carne tenía una conducta viciosa sobre la tierra. Dijo, pues, Dios a Noé: «He decidido acabar con toda carne, porque la tierra está llena de violencia por culpa de ellos. Por eso, he aquí que voy a

exterminarlos de la tierra. Hazte un arca de maderas resinosas. Haces el arca de cañizo y la calafateas por dentro y por fuera con betún. Así es como la harás: longitud del arca, trescientos codos; su anchura, cincuenta codos; y su altura, treinta codos. Haces al arca una cubierta y a un codo la rematarás por encima, pones la puerta del arca en su costado, y haces un primer piso, un segundo y un tercero. «Por mi parte, voy a traer el diluvio, las aguas sobre la tierra, para exterminar toda carne que tiene hálito de vida bajo el cielo: todo cuanto existe en la tierra perecerá. Pero contigo estableceré mi alianza: Entrarás en el arca tú y tus hijos, tu mujer y las mujeres de tus hijos contigo." Génesis 6,11-19

En ese momento lo comprendí... hace tiempo en Venezuela comenzó a llover y estamos al borde del diluvio.

A muchos, al igual que en los tiempos de NOÉ, la idea de "construir un Arca" les parecerá una locura. Pero la realidad es que nuestra nación se hunde *"... corrompida en la presencia de Dios, la tierra se llenó de violencia"*. En mi mente racional ni siquiera lo veo Bíblico, sino lógico. En mi ser espiritual lo veo como un llamado a ganarnos una nueva alianza, una Segunda Oportunidad.

Yo... Reinaldo Poleo "tengo un Sueño" ...

Me alejé del twitter, porque solo leía la desesperación de muchos, la arrogancia de otros. Me alejé cansado de que otros me digan lo que debo hacer, desde las tribunas de sus habitaciones. Me llegué a desesperar ante el desgarrador grito de los estudiantes detenidos, ante el sufrimiento de todas las Bonny Simonovis y de las madres que despidieron a sus hijos porque "se fueron con Venezuela".

Me sentí agobiado por no hacer lo suficiente, asqueado de mi propio miedo y tentado a usar la máscara de un héroe de película para ocultar mi miedo en medio de mi lucha.

Me sentí decepcionado de los que insultan, amenazan, persiguen a los que se atreven a pensar diferentes, mientras se arrellanan en los cómodos sofás de las oficinas y cargos "dados a dedo", a cambio de la venta de los valores o peor, alojados en la comodidad que otorga la flojera de pensamiento.

Peor aún, me alejé, porque me veía reflejado en todos, cuando mi naturaleza es otra.

Amigos y los que se sientan mis enemigos, hay una sola cosa que nos une cuando todo lo demás nos aleja y es el hueco en el cementerio o el ánfora con las cenizas.

La verdad es que vamos a morir, muchos más temprano, otros más tarde. Unos en paz, otros sin ella. Pero todos sabemos cómo se acaba esta historia.

Y ante la humanidad desnuda de nuestra partida, tan desnudos como llegamos a la humanidad, cabe preguntarnos si "**Esto**" es lo que queríamos para vivir.

Esa fue la pregunta que nos hicimos esa noche de Julio, en medio de la celebración de un año más de vida... y con tristeza la respuesta fue la misma para todos.

ESTA NO ES LA VIDA QUE SOÑAMOS VIVIR...

Es por eso que elevo a ustedes amigos míos la siguiente propuesta:

A pocos días de celebrar un año más de la firma del acta de nuestra Independencia y basados en los mismos principios que motivaron su redacción y de los cuales extraigo y presento a continuación:

"...En esta dolorosa alternativa hemos permanecido tres años en una indecisión y ambigüedad política, tan funesta y peligrosa, que ella sola bastaría a autorizar la resolución que la fe de nuestras promesas y los vínculos de la fraternidad nos habían hecho diferir; hasta que la necesidad nos ha obligado a ir más allá de lo que nos propusimos, impelidos por la conducta hostil y desnaturalizada de los gobiernos de España, que nos ha relevado del juramento condicional con que hemos sido llamados a la augusta representación que ejercemos.

Mas nosotros, que nos gloriamos de fundar nuestro proceder en mejores principios, y que no queremos establecer nuestra felicidad sobre la desgracia de nuestros semejantes, miramos y declaramos como amigos nuestros, compañeros de nuestra suerte, y partícipes de nuestra felicidad, a los que, unidos con nosotros por los vínculos de la sangre, la lengua y la religión, han sufrido los mismos males en el anterior orden; siempre que, reconociendo nuestra absoluta independencia de él y de toda otra dominación extraña, nos ayuden a sostenerla con su vida, su fortuna y su opinión, declarándolos y reconociéndolos (como a todas las demás naciones) en guerra enemigos, y en paz amigos, hermanos y compatriotas.

En atención a todas estas sólidas, públicas e incontestables razones de política, que tanto persuaden la necesidad de recobrar la dignidad natural, que el orden de los sucesos nos ha restituido, en uso de los imprescriptibles derechos que tienen los pueblos para destruir todo pacto, convenio o asociación que no llena los fines para que fueron instituidos los gobiernos, creemos que no podemos ni debemos conservar los lazos que nos ligaban al gobierno de España, y que, como todos los pueblos del mundo, estamos libres y autorizados para no depender de otra autoridad que la nuestra, y tomar entre las potencies de la tierra, el puesto igual que el Ser Supremo y la naturaleza nos asignan y a que nos llama la sucesión de los acontecimientos humanos y nuestro propio bien y utilidad.

Sin embargo de que conocemos las dificultades que trae consigo y las obligaciones que nos impone el rango que vamos a ocupar en el orden político del mundo, y la influencia poderosa de las formas y habitudes a que hemos estado, a nuestro pesar, acostumbrados, también conocemos que la vergonzosa sumisión a ellas, cuando podemos sacudirlas, sería más ignominiosa para nosotros, y más funesta para nuestra posteridad, que nuestra larga y penosa servidumbre, y que es ya de nuestro indispensable deber proveer a nuestra conservación, seguridad y felicidad, variando esencialmente todas las formas de nuestra anterior constitución.

Por tanto, creyendo con todas estas razones satisfecho el respeto que debemos a las opiniones del género humano y a la dignidad de las demás naciones, en cuyo número vamos a entrar, y con cuya comunicación y amistad contamos, nosotros, los representantes de las Provincias Unidas de Venezuela, poniendo por testigo al Ser Supremo de la justicia de nuestro proceder y de la rectitud de nuestras intenciones, implorando sus divinos y celestiales auxilios, y ratificándole, en el momento en que nacemos a la dignidad, que su providencia nos restituye el deseo de vivir y morir libres, creyendo y defendiendo la santa, católica y apostólica religión de Jesucristo. Nosotros, pues, a nombre y con la voluntad y autoridad que tenemos del virtuoso pueblo de Venezuela, declaramos solemnemente al mundo que sus Provincias Unidas son, y deben ser desde hoy, de hecho y de derecho, Estados libres, soberanos e independientes y que están absueltos de toda sumisión y dependencia de la Corona de España o de los que se dicen o dijeren sus apoderados o representantes, y que como tal Estado libre e independiente tiene un pleno poder para darse la forma de gobierno que sea conforme a la voluntad general de sus pueblos, declarar la guerra, hacer la paz, formar alianzas, arreglar tratados de comercio, límite y navegación, hacer y ejecutar todos los demás actos que hacen y ejecutan las naciones libres e independientes.

Y para hacer válida, firme y subsistente esta nuestra solemne declaración, demos y empeñamos mutuamente unas provincias a otras, nuestras vidas, nuestras fortunas y el sagrado de nuestro honor nacional

"Dada en el Palacio Federal y de Caracas, firmada de nuestra mano, sellada con el gran sello provisional de la Confederación, refrendada por el Secretario del Congreso, a cinco días del mes de julio del año de mil ochocientos once, el primero de nuestra independencia..."

En mi recorrido por esta vida, he tenido la oportunidad de conocer gente extraordinaria, gente arraigada al sentimiento nacional, gente con ganas y sueños. De diferentes credos y razas, unidos por un solo gentilicio, el venezolano.

He compartido ideas y discusiones enriquecedoras que me han mostrado un universo de puntos de vista y han eliminado los límites del pensamiento único. He conocido ideas millonarias, estrafalarias, extraordinarias que me hicieron olvidar convencionalismos.

Mucha de esa gente, vive en el exilio de sus ideas y sueños, otros se reúnen alrededor de un vaso de vino a compartir la visión de mundos e historias.

Unos se atrevieron a soñar en el Chavismo como plataforma liberadora de mentes, otros abrazaron la derecha o el centro, como abrazados a una tabla de surf, que les llevara a la isla del desarrollo humano.

Muchos viven en islas... otros están aislados, pero todos saben algo y la suma de ese algo es parte de un todo.

A Ustedes amigos de sueños, conocidos y desconocidos les invoco...

"CONSTRUYAMOS UN ARCA"

Vamos a establecer las bases pragmáticas de una nueva nación. Desechemos los convencionalismos. Optimicemos lo creado para que en un futuro podamos comenzar a crear.

Estoy hablando de una Venezuela posible y diferente.

Tal vez si les asomo mi pensamiento, alguien se atreva a creer en lo imposible o en la unión de los imposibles.

Mi visión a grandes rasgos es esta:

Como señalé al principio, nuestra Venezuela no nace quebrada, nace con deudas que es muy diferente, porque nuestra tierra está bendita con la materia prima que requiere la humanidad para funcionar.

Nuestro país es rico en Petróleo, Gas, Hierro, Cobre, Níquel, Diamante y Oro. De igual forma tiene grandes reservas de Bauxita, Fosfato, Carbón, Caliza, Yeso, Talco, Arcillas, Coltan y Titanio.

Pero para poner a andar todo este potencial industrial se requiere de mucha energía y así evitar consumir el petróleo que podemos negociar. ¿Y qué mejor forma de energía que la Hídrica?, ¡Qué pecado afirmar que Venezuela tiene problemas de agua!.

Nuestro país es drenado por más de un millar de ríos, 124 de los cuales poseen cuencas mayores de 1.000 Km². Solamente la cuenca del Río Orinoco cubre 880.000 Km² de los cuales a nuestro país le corresponden 640.000 Km². Poseemos la infraestructura y los proyectos para volver a ser la potencia energética y ampliar aún más nuestro potencial.

Por lo tanto tenemos de donde arrancar, y si no podemos comenzar nosotros mismos, tenemos acreedores que quieren cobrar sus facturas, altamente tecnificados, y en capacidad de desarrollar planes concretos, basados en reglas claras, destinadas a generar empleo en todos los estratos, mientras se obtienen ganancias.

Esquemas de seguridad jurídica, asociaciones estratégicas, contratos depositados en organismos internacionales, reglas claras y transparentes.

Necesito gente con el conocimiento para establecer esta tabla del Arca.

¡Debemos acabar con los esquemas proteccionistas del empleado, dejar de tratar al pueblo como una manada de idiotas que debemos cuidar de su propia idiotez!

La eliminación de prestaciones conllevaría al traslado al empleado del salario bruto y a lo mejor así dejaríamos de ser tan brutos y nos correspondería ser individualmente más responsables.

El establecimiento del salario por hora y la eliminación de causales de despido... un país se debe regir por oferta y demanda laboral, soportada por un esquema de seguridad social que nos proteja a todos de las eventualidades.

Necesito a alguien que pueda delinear este plan y el plan de transición mientras se apuntala la creación del empleo en las industrias básicas, de manufactura y servicios.

Es indispensable la aparición de la meritocracia para aspirar a un pueblo que busque su superación.

Las industrias básicas traen consigo la creación de las empresas de servicio y el desarrollo urbano alrededor de estas zonas, así que las mismas deben estar en capacidad de sustentar el crecimiento, lo cual debe favorecer la construcción y el desarrollo de infraestructura.

Necesito a gente que sea capaz de leer las potencialidades estratégicas de las diferentes zonas del país.

Necesitamos estadísticas y el mapeo de dichos recursos para establecer la interconexión de los mismos.

Y hablando de interconexión, es estratégico el uso de medios de transporte alejados del combustible fósil, en un país con energía hídrica y extensas llanuras, los trenes eléctricos deberían estar uniendo territorios y todo esto lo podemos lograr asociándonos con tales proyectos... la idea no es nueva, es tan vieja como el nuevo Japón y la nueva Europa.

Necesito a quien diseñe una red que una al país y los polos de desarrollos.

Necesitamos puertos modernos, aeropuertos adaptados a las necesidades de la nueva Venezuela.

Necesitamos una administración rentista y descentralizada, Estados con planes dentro del plan mayor que se llama Venezuela. Gobernadores competitivos y dedicados a generar los impuestos y servicios que mantengan a su población... los quiero ver creando, peleándose la mano de obra. Necesito quien me venda ese esquema de rentas compartidas e inmediatas y olvidemos la maldición del situado constitucional.

El Estado no se puede detener, la administración de una nación moderna, debe estar en constante movimiento y lo más importante, la gente que forma parte de dicha administración debe gozar de calidad de vida para realizar sus funciones con la calidad que merecemos todos los ciudadanos.

El Estado no puede funcionar en cuanto edificio encuentre, debe estar establecido en una infraestructura que permita el control, altamente tecnificada y que permita la transparencia y agilidad. Debemos mudar al Estado, necesitamos una Brasilia, no es un concepto nuevo, es un concepto estratégico que debemos retomar.

La seguridad social tiene que ser un derecho adquirido por cada uno de los venezolanos. El hecho de nacer aquí nos debe integrar al sistema de seguridad social de la nación. Todo ciudadano debe tener su identificación al nacer y el derecho a tener atención médica y hasta jubilación. Las regalías del petróleo y las ganancias de las sociedades en la explotación de la industrias básicas deberían ser suficientes para mantener este esquema, el cual debe ser fortalecido por el aporte ciudadano a través de los impuestos nacionales. ¡No es posible que una madre se dedique a criar a sus hijos y no tenga derecho a una jubilación, es bizarro!

La medicina privada es libertad de empresa, pero la creación de un sistema de salud basado en el "precio justo" debe ser un beneficio en el esquema de seguridad social y es deber del Estado. Vamos a compartir la infraestructura hospitalaria, creemos los términos "Semiprivados", conceptos exitosos que vieron luz en nuestro país y quedaron aplastados bajo el peso del populismo.

Necesito médicos que entiendan el alcance de estas ideas y repito no son inventos, son realidades en otras latitudes y fueron exitosas experiencias en la Venezuela lejana.

La seguridad y el desarrollo hospitalario debe estar en mano de cada estado; sus ciudadanos deben ser los garantes del servicio que merecen y exigir a sus gobiernos regionales, su óptimo funcionamiento.

Sin embargo, es necesario crear los sistemas de control federal, nadie está por encima de los intereses nacionales.

Debemos hablar de crear organismos especializados, con identidad propia y acciones bien definidas. Instituciones capaces de permitir el desarrollo de sus miembros con esquemas de desarrollo profesional y meritocracia. Es así que debemos tener Instituciones autónomas como el Cuerpo de Guarda Costas, Guardia Fronteriza, Policía Federal (dedicada a los delitos que escapen a la circunscripción de los estados). Deben existir los cuerpos de Protección Civil y Atención Central de Desastres.

Los estados deben tener su Guardia Nacional, como ente formado por los ciudadanos civiles de la región, los cuales han tenido preparación militar y que serían la fuerza armada autorizada para atender situaciones fuera de lo normal, mantener el orden y atender desastres. Necesito a alguien que le dé forma a esa idea.

Estoy planteando la especialización de los funcionarios de la Guardia Nacional y su absorción en las instituciones antes mencionadas, de forma que sus funcionarios tengan mayores opciones de especialización, profesionalismo y desarrollo.

La seguridad es un problema de manejo de dinero, ¿les parecería una locura hablar de la desaparición del mismo? Piénselo un momento, si usted recibe una gran suma de dinero en su cuenta, no justificable ante el Impuesto sobre la Renta, ¿no sería lógico que un funcionario o sistema, dudara de su procedencia?

¿Cómo harías para justificar el ingreso por corrupción, por extorsión, robo o secuestro? Sin hablar del fortalecimiento de los esquemas financieros y optimización del USO del dinero.

Pensiones privadas, desarrollo del turismo, desarrollo sustentable y resurrección del cooperativismo.

Sistemas electorales de base, creación de colegios electorales, segunda vueltas.

Llenar el país de Jueces con estudiantes de último grado o con tanto abogado sin trabajo.

Asociación estratégica en la creación de cárceles. Cárceles en las frontera como método de desarrollo de las mismas. Nunca olvidemos que Australia fue una prisión.

Universidades auto sustentadas, con el impulso de las Patentes y la prestación de servicios a institutos o entes externos a ellas.

Necesito a alguien que una el desarrollo del campo en base a las necesidades estratégicas de la nación, lo que podemos hacer, lo que conviene hacer y la resurrección de un Instituto Científico de Tierras el cual permita el desarrollo y cuidado de nuestros recursos naturales.

¿Tiempo?

¿Cuánto ha necesitado Dubái? ¿Son mejores que nosotros?

No es tiempo, es dirección, es ganas, es soñar y trabajar.

Hermanos,

VAMOS A CONSTRUIR UN ARCA, EN DONDE PODAMOS IZAR AL VENEZOLANO, ELEVAR SU ORGULLO, DESPEGAR SU ALMA Y CATAPULTAR SUS SUEÑOS.

UN ARCA QUE NOS SAQUE DEL DILUVIO DE LA INDIFERENCIA, LA INEFICIENCIA Y DE LA CORRUPCIÓN.

¡UN ARCA QUE NOS PERMITA TOMAR EL LUGAR QUE NOS CORRESPONDE ENTRE LAS POTENCIAS DEL PLANETA!

¡PORQUE LO TENEMOS TODO, LO PODEMOS TODO!

Si piensas que no estoy loco y que puedes ayudarme a encausar mi insania, he creado una cuenta de correo elarcadevenezuela@gmail.com. Te invito a ser parte de un sueño, es mucho lo que desconozco y estoy seguro que afuera hay más locos con buenas ideas.

Listo… una página más que la carta de "Giordani"…

Dios les Bendiga.

Publicado el 2 de Julio del 2014
http://unaaventurallamadavida.blogspot.com/2014/07/el-arca.html

CAPÍTULO 22

LA PARÁBOLA DEL SEMBRADOR Y LA MORAL BIPOLAR

Hay que ver todo lo que pasa por la mente cuando uno disfruta de algo que le gusta. Siempre he dicho que las sensaciones son llaves que abren los cofres en donde atesoro mis recuerdos, buenos o malos.

El domingo 13 de Julio del 2014, conjugó una serie de circunstancias particularmente agradables, mi mamá cumplía otro glorioso año de vida y nuestra primera actividad fue acompañarla a misa.

En mi mente se agolpan los recuerdos; para mí, los domingos eran días de descanso, comiquitas en TV, desayuno fuerte con Toddy caliente, el tipo de Venevisión diciendo, *"Hoy Domingo acude a tu Iglesia, solo Dios satisface"*, mi mamá cantándonos el corito para despertarnos.- *"El demonio al oidoooo te estaaa diciendooo, no vayas a misaaa Reinaldoooo sigue durmiendoooo"*, la misa en familia, el periódico "El Universal" en la mesa, mi mamá realizando el crucigrama de la Revista Estampa y yo esperando abandonara la revista para leer "Los Crímenes más sonados" y los Misterios firmados por Nicolas Flamel. Las tardes con los micros de Ali Khan y la jugosa publicidad de "La Estancia"… "Soloooo en la Estanciaaa encontraraaaa, el buen sabooor de restaurant" (en este momento, los que recuerdan, cantaron la cancioncita y se les hizo agua la boca).

¡Qué tiempos más sabrosos, cuando éramos felices… y no lo sabíamos!

Ese domingo, después de misa, me fui corriendo al salón parroquial a degustar el sabroso "Sándwich de Pernil", antes de que se acabaran, exquisito agregado en el menú Pro Fondo para la construcción del templo de la parroquia de Los Castores (ya no sé cuántos años tenemos en eso, pero alcanzar a la inflación se nos ha hecho cuesta arriba).

Un simple Pan Francés, con su pedazo de pernil, acompañado con las rodajas de tomate y sal, a la mejor tradición de aquellos famosos sándwich que hacían en la Encrucijada de Cagua y que tanto le gustaban a un reconocido embajador del Imperio "mesmooo".

Mientras degusto tamaño placer, resuenan en mi mente las palabras de mi estimado sacerdote, el Padre Bladimir Lopera; ese muchacho tiene una maravillosa capacidad de trasladar la bíblica y divina palabra a nuestra mundana cotidianeidad. Su estilo alegre, humano, carismático, convierte en "palabra viva" a la letra arcana.

El evangelio del día estaba tomado de San Mateo: 13, 1-23 y trataba de la muy conocida, entre los cristianos, Parábola del Sembrador, de la cual extraigo lo siguiente:

"...*Una vez salió un sembrador a sembrar, y al ir arrojando la semilla, unos granos cayeron a lo largo del camino; vinieron los pájaros y se los comieron. Otros granos cayeron en terreno pedregoso, que tenía poca tierra; ahí germinaron pronto, porque la tierra no era gruesa; pero cuando subió el sol, los brotes se marchitaron, y como no tenían raíces, se secaron. Otros cayeron entre espinos, y cuando los espinos crecieron, sofocaron las plantitas.*

Otros granos cayeron en tierra buena y dieron fruto: unos, ciento por uno; otros, sesenta; y otros, treinta. El que tenga oídos, que oiga...

...Escuchen, pues, ustedes lo que significa la parábola del sembrador.

A todo hombre que oye la palabra del Reino y no la entiende, le llega el diablo y le arrebata lo sembrado en su corazón. Esto es lo que significan los granos que cayeron a lo largo del camino.

Lo sembrado sobre terreno pedregoso significa al que oye la palabra y la acepta inmediatamente con alegría; pero, como es inconstante, no la deja echar raíces, y apenas le viene una tribulación o una persecución por causa de la palabra, sucumbe.

Lo sembrado entre los espinos representa a aquel que oye la palabra, pero las preocupaciones de la vida y la seducción de las riquezas la sofocan y queda sin fruto.

En cambio, lo sembrado en tierra buena representa a quienes oyen la palabra, la entienden y dan fruto: unos, el ciento por uno; otros, el sesenta; y otros, el treinta".

Su homilía le sacaba el jugo a la parábola del Sembrador, destacaba estadísticas, confrontaba nuestra humanidad con la palabra divina y cerraba con 2 tips para tomar en cuenta en nuestro acontecer diario.

De los dos tips que nos dejaba, uno quedó dando vueltas por los jardines de mi conciencia; solo espero que el otro, no se perdiera en los alrededores.

El Sacerdote resaltaba la importancia de convertir esa reflexión en una herramienta de vida, ubicarnos en qué tipo de terreno estaba nuestra fe o en cual momento. Ya que los seres humanos éramos terreno cambiante y dependiendo del momento podíamos ser cualquiera de los 4 terrenos.

Resaltaba que si el 100% de los católicos fueran a misa, ésta debería darse en estadios. El 87% de los católicos no eran practicantes y del 13% restante, muchos no prestaban atención, por lo cual aspiraba a que menos de un 5% se llevara un mensaje positivo a su casa, esperaba con fe que la palabra llegara a buen terreno y diera fruto.

Que esperanza de sociedad...

No hubiese querido estar en el pellejo de Magdalena, cuando Jesucristo dijo *"El que esté libre de pecado, que tire la primera piedra"*, si lo hubiese dicho en Venezuela... salpicado de entrañas quedaría el redentor.

¿Cómo podemos ser mejores si estamos convencidos de que lo hacemos bien?, ¿Cómo educa coraje el que tiene miedo?, ¿Cómo enseña a luchar el que está vencido?, ¿Cómo enseña a soñar el que no duerme por temor a no volver a despertar?

Aquí no podemos hablar de mala semilla, es que simplemente, dejamos de ser un buen terreno y nos aceptamos como el único terreno que hay.

Un pueblo que sobrepone el desarrollo personal al bien común, no merece tener una nación, solo es una banda de forajidos en un territorio. Forajidos adornados con crucifijos, delincuentes que se hacen la señal de la cruz cuando salen a atracar; corruptos que entran a los templos a dar gracias a Dios por todos los bienes mal habidos; asesinos con la biblia bajo el brazo tratando de aprenderla por "osmosis sobacal" como decía mi muy querido y ya inmortal, Padre Rivolta.

NO se puede ser fiel a Dios y al Diablo, de la misma forma que no puedes aspirar al cumplimiento de la ley sin justicia y no puede haber justicia sin probidad ni paz.

El respeto no se compra ni la clase se hereda.

No podemos aspirar misericordia, si somos incapaces de otorgarla. La ley es para todos no es para **"Los Otros"**. (Ver http://unaaventurallamadavida.blogspot.com/2012/06/otros.html) .

La ley para que sea justa, debe estar fundamentada en los valores que nos hacen mejores personas.

Los valores son principios que nos permiten orientar nuestro comportamiento, son creencias fundamentales que nos ayudan a preferir, apreciar y elegir unas cosas en lugar de otras, o un comportamiento en lugar de otro. Nos proporcionan una pauta para formular metas y propósitos, personales o colectivos. Reflejan nuestros intereses, sentimientos y convicciones más importantes.

Los valores se refieren a necesidades humanas y representan ideales, sueños y aspiraciones, con una importancia independiente de las circunstancias.

Son Valores:

Alegría, Amistad, Amor, Apoyo, Aprendizaje, Armonía, Autenticidad, Aventura, Belleza, Bienestar, Bondad, Creatividad, Crecimiento, Cuidado, Cultivo, Cumplimiento, Claridad Colaboración, Compañerismo, Comprensión, Comunicación, Comunidad, Conexión, Confianza,

Contribución, Cooperación, Constancia, Desapego, Desarrollo, Disciplina, Educación, Empatía, Entrega, Entusiasmo, Estabilidad, Equilibrio, Espiritualidad, Estética, Éxito, Familia, Fidelidad, Flexibilidad, Franqueza, Fuerza, Generosidad, Gentileza, Gratitud, Honestidad, Humildad, Humor, Igualdad, Independencia, Integridad, Justicia, Lealtad, Libertad, Limpieza, Madurez, Naturaleza, Precisión, Productividad, Progreso, Realización, Respeto, Romance, Sabiduría, Seguridad, Sencillez, Serenidad, Servicio, Sinceridad, Solidaridad, Suavidad, Ternura, Exactitud, Nobleza, Paciencia, Participación, Pasión, Paz, Paz interior, Poder, Tolerancia, Tradición, Tranquilidad, Valentía, Variedad y Vitalidad, entre otros.

Este es el abono de la buena tierra, de esto están hechos los grandes seres humano, los cuales, han contribuido en la creación de las obras que enaltecen la esencia humana.

Y nosotros… ¿de qué estamos hechos?

¿Cuál es el abono que alimenta la tierra de nuestra alma?

¿Simplemente nos olvidamos de lo que decimos que somos cuando llega el soborno?, ¿Nos pasamos la luz del semáforo cuando nadie nos está mirando?, ¿Somos como la semilla que cae en el camino?

¿Tal vez somos el moralista, el que habla de paz, el que habla de ley, la defiende, la proclama, pero inmediatamente viene la tentación, se presenta el problema y corre a buscar la salida más fácil, la cual normalmente no es la más honesta?

¿O el ciudadano, el profesional, el líder que cae en la tentación, para "resolver" o para no estar en el grupo de los "Pendejos". Ese que dice *"Si todos lo hacen, por qué yo no"* o el legendario *"Si no lo hago yo, lo hará cualquier otro"* o el que se corrompe *"Por su familia"* o el que simplemente *"¿Quién lo va a saber?"*

No hay mentiras blancas, solo hay mentiras.

No hay robos pequeños, solo hay robos.

No hay sobornos pequeños, solo hay sobornos.

No hay corruptos pequeños, solo hay corruptos.

No hay países con valores, hay gente con valores que viven en países.

Y TÚ… ¿Qué eres?

¿Qué tipo de terreno eres?

¿Con qué abonas a tus hijos?

LO QUE TÚ ERES COMO PERSONA ES A LO ÚNICO QUE PUEDES ASPIRAR COMO PAÍS.

¡AYUDEMOS A CONSTRUIR UNA MEJOR VENEZUELA!

elarcadevenezuela@gmail.com

Publicado el 1 de Agosto del 2014
http://unaaventurallamadavida.blogspot.com/2014/08/la-parabola-del-sembrador-y-la-moral.html

CAPÍTULO 23

EL ÚLTIMO QUE APAGUE LA LUZ…

Este jueves 14 de Agosto del 2014, amanece lluvioso, siento que Caracas y hasta Venezuela presienten tu partida.

Aunque no lo comparto te entiendo, más claro no lo podía haber expresado José, en una nota enviada por WhatsApp, el 16 de Junio pasado, en donde plasmaba el sentir de muchos que están y de otros que ya no están, porque también se fueron:

"Demasiado tardamos, esperando por una luz, lamento tener que dejar tantas cosas, pero lo dejo o me dejan, así que puse las cosas fríamente en la balanza y tomamos esta dura, muy dura decisión…, yo sé lo que es ser inmigrante, para mis padres fue muy duro, pero quiero algo con más seguridad para mi familia, el egoísmo y la inseguridad se come este país, puedes quitar al tarado de Cúcuta, pero la gente está muy mal amañada"

Que gráfica y aplastante descripción de una tragedia, de un lugar el cual en algún momento fue Nación.

Bien lo dice mi casi cuñado, no hay país sin gente y el problema ES la gente.

Menos mal que no estoy usando tinta y una hoja, porque no quisiera que se corriera la tinta o se me rompa el papel por una lágrima descontrolada.

Te llevas tu profesionalismo, tu maravilloso corazón, tu ropa, a un excelente esposo y mejor profesional, a una cuasi sobrina casi dentista y a una que comienza a soñar; te llevas aquellos fines de semana en casa de los abuelos, toda nuestra infancia, las vacaciones en Las Salinas, nuestra abducción, tu voz en el coro de la iglesia, tu lugar con la guitarra en nuestra "Formula V", tu temor y tu "Estado" en el WhatsApp "Jesús en Ti confío"…

Y Jose continuaba escribiendo:

"Yo veo esto como una isla con un muro muy alto y electrificado, solo queda esperar a que la iguana toque la conexión eléctrica, para correr y saltar el muro"

Que difícil decisión… atrás quedan tus alumnos… al menos los que no se fueron, las hamburguesas que nunca logramos concretar porque siempre estábamos demasiado ocupados, queda tu hermana y cuñado, tus sobrinos, mi papá que te quiere como a una hija, tu mamá… tus primos… me quedo yo o lo que dejas de mi…

Son las 7:47 a.m. en 12 horas te vas de tu país.

También se queda aquí el mayor logro de la "Revolución Bonita", la destrucción de los valores y la corrupción, el resultado de 15 años de sembrar miseria, de dejarnos robar la identidad, de permitir nos separaran cuando en el fondo estamos todos iguales y los que están bien lo logran haciendo que el pueblo pague el precio. Esa es la base de la corrupción, se llevan NUESTRO dinero, el que sale de la tierra convertido en petróleo, el que pagas en marzo como impuesto, el que pagas con cada cosa que compras como I.V.A.

Claramente lo sentenciaba Jose:

"Yo puse mi carta de jubilación al día siguiente de tener una discusión sobre valores con uno de los Directores más corruptos del Instituto (…) recién destituido, pero esto está demasiado podrido y más con los nuevos 3 directores que son llave de …"

Yo sé que no se van porque quieren, se van por miedo a que le roben el futuro a las muchachas, ya que los adultos pensantes de esta nación, no hemos sido capaces de garantizárselo.

"Esto es duro, Ely tiene un año perdido, pues entre paro, falta de material quirúrgico, agua, medicinas, inclusive anestesia, lo que debían terminar en Julio, si retoman actividades, podrían terminar con viento a favor en mayo 2015, es un desastre"

Son las palabras de un Joven Padre que termina sentenciando:

"Dani está entusiasmada porque podría estudiar alguna de las carreras que más le gustan"

Él ve oportunidad.

"Y allá salen y joden como hacíamos nosotros a su edad"

Él ve seguridad.

"Los años pasan y no regresan, están en unas edades que siempre uno recordará con alegría y nostalgia"

Él ve futuro…

Son las 8:08 a.m. acabo despacio el café ya frio. Afuera continúa la mañana gris, adentro mi corazón está igual.

Te siento, les siento, el apuro, a pocas horas de abandonar esta locura, debe haber tanto por hacer. Ayer no fuimos a despedirnos, reuniones, enredos de última hora, debilidad… no quiero llorar.

La MUD agoniza; #LaSalida tras las rejas burlada por la injusticia legalizada y la apatía generalizada; el Congreso Ciudadano comienza a mostrar medidas y contramedidas; los revolucionarios son traicionados por la dirigencia Cubano-Capitalista; los que ayer pedían expropiación, hoy piden "entre humo y metralla" privatización… pero que no sea China.

Escribo, medito, limpio un ojo.

Fuera de mi oficina todos trabajan con el frenesí diario de los que tienen responsabilidades que cumplir, con el frenesí diario de los que no tienen alternativa o de los que no quieren otra alternativa… por ahora.

Desde mi computadora miro una nube encajada en el Pico Oriental del Ávila, miro más al Este, hacia donde deben aún estar.

Dios te bendiga prima, te acompañe y favorezca.

Me quedo atrás prima, con el firme compromiso de dar todo lo que esté de mi parte por recobrar la Nación que nos vio nacer y crecer. Quedo con el renovado espíritu del gen libertador que debo tener en algún lado.

Quedo con la convicción y la esperanza de que más temprano que tarde les recibiré en el Aeropuerto de Maiquetía para darles entrada a una nueva Venezuela, una patria digna de hombres dignos y trabajadores.

Les prometo que les recibiré con Oportunidades, Seguridad y Futuro.

¡ESTO NO ES UN ADIÓS OLY, ES SIMPLEMENTE UN HASTA LUEGO!

¡Te Amo, les amo!

Tu Primo, tu hermano…

Y el último…¿¿¡¡que apague la luz…!!??

Publicado el 14 de Agosto del 2014
http://unaaventurallamadavida.blogspot.com/2014/08/el-ultimo-que-apague-la-luz.html

CAPÍTULO 24

EL ABUELO ÁNGEL, UN ÁNGEL DE POESÍA

En una de esas mágicas noches, con mi Abuela Panchita, mientras me contaba una de sus "historias" (como decía ella, nunca cuentos, siempre historias), yo me dedicaba a escucharla y miraba fijamente todo el conjunto fantástico que la rodeaba. Cepillaba rítmicamente la larga cabellera que bajaba como cascada de sus hombros al regazo, cubriendo la blanca bata que le llegaba a los tobillos.

Sus ojos levemente cerrados, como reviviendo las historias en la cinemateca de su cabeza, mientras cambiaba su rostro con cada estado de ánimo descrito, pasando desde la seriedad hasta soltar esa estruendosa risotada que al final trataba de callar para no levantar a todo el mundo.

Yo contemplaba su rostro circundado por profundas depresiones, las cuales se llenaban de sombras a la luz del velón dedicado a las ánimas, el mismo que creaba fantásticas formas al iluminar al floreado altar del rincón. De igual forma, seguía como hipnotizado el suave movimiento de aquellas manos delgadas, que dejaban ver unas venas apenas cubiertas por un leve velo de piel; tan delicadas manos que habían levantado a una generación de nietos y ahora acariciaban a una generación de bisnietos.

No recuerdo cual historia exactamente me contó aquel día, creo que la de cuando "Dios visita a la Señora disfrazado de perrito callejero". Era curioso, la historia acababa justo con el cepillado; juntaba mis manos, juntaba las suyas y mirando la Cruz adornada al lado del retrato de mi tío "el guerrillero" recitaba un Padre Nuestro.

A eso seguía otra letanía de palabras que apenas lograba entender, hasta que me arropaba con un beso y me daba un hasta mañana. Esa noche le pregunté:

¿Güela... qué se siente ser viejo?

A lo que me respondió con su característica risotada:

"No se mijo, porque viejos son los que dejan de hacer y soñar"

Próxima a cumplir sus 100 años…. Tal vez 25 o 30 años después de esa noche, besé su mejilla por última vez, yo con mi segunda esposa, mi vieja en su silla de rueda, sus ojos perdidos en una nube blanquecina y su mente convertida en islas de recuerdos… seguía riendo mientras me repetía una y otra vez, *"La vida es un fandango, estamos un ratito a pie y otro caminando…"*. Una vez me dijo que la muerte la vino a buscar, pero ella estaba ocupada trabajando y la dejó olvidada…

Por circunstancias de la vida no la llegué a ver muerta, pero esa es parte de otra "historia". En mi alma ella está siempre viva, en algún lugar sigue contando sus historias.

Eso es lo maravilloso de nuestra existencia, somos algo más que un cascarón vacío lleno de aparatitos que nos hacen funcionar.

Somos agua, aire, tierra y fuego que se funden en uno y se convierten en espíritu.

Y solo el Espíritu nos permite soñar y hacer.

Es precisamente en ese momento en el cual podemos afirmar que somos imagen y semejanza del Creador.

Por decisión propia, como buen abono de mis ancestros, me permito escuchar todo y a todos, lo cual me ha acercado hasta lo más profundo del averno y también me ha permitido volar hasta lo más alto del Cielo.

Debo confesar que en mi vida, reúno muchos más recuerdos maravillosos que unos cuantos malos, los cuales quedaron sepultados por aludes de alegrías.

Como uno de esos malos momentos, definitivamente debo incluir los velorios, esos en los cuales todos los que nunca nos vemos, nos reencontramos. Escucho los mismos cuentos de cuando eran muchachos, muchos siguen llamando a mi papá Reinaldito, mientras hablan de cuán grande estoy (a mis 50 años) y recuerdan cuando me llamaban "Sargento García" porque era un gordito cachetón. De igual forma se renuevan chistes, se intercambian tarjetas y se queda en reunirnos en esa mítica fiesta eterna a la cual nunca llegamos, porque seguimos encontrándonos en los entierros.

Sin embargo en uno de estos temidos acontecimientos, tuvimos la suerte de conseguirnos con un primo hermano de mi papá, el cual definitivamente tuvo una epifanía.

El hecho es que este personaje, Ángel Tortosa, mejor conocido por el mundo cultural y poético de Caracas como "El Abuelo Ángel", es uno de esos bichos raros que un día descubrió que era inmortal.

Este hombre excepcional nace en el pueblito agrícola de Baruta en el año 1930, el mismo año en que nace nuestro tenor, Alfredo Sadel. Es en ese año cuando la Unión Soviética decía "exprópiese" a los Kulaks, imponiendo la colectivización forzosa de la agricultura. 1930 vio el descubrimiento de Plutón, a Mickey Mouse aparecer en las caricaturas y a Greta Garbo estrenar su primera película sonora, Anna Christie.

Ese mismo año el mundo miraba con atención a la India, en donde se declaraba la Independencia de los Ingleses y sin el permiso del Imperio, Gandhi en tapa rabos realiza la Marcha de la Sal, los vientos de independencia soplaban con fuerza.

En América se jugaba la Primera Copa Mundial de Futbol, en donde el anfitrión Uruguay le ganaba a Argentina en un emocionante encuentro que terminaría 4-2.

USA inventó el Neopreno, en Nueva York se estrena el peliculón, "Sin Novedad en el Frente" y se quema completita la ciudad Zuliana de Lagunillas en Venezuela.

En Septiembre de ese año, Santo Domingo, Capital de la República Dominicana es devastada por un huracán, dejando más de 800 muertos; Argentina tiene su primer golpe militar, la marca 3M pone a la venta la cinta adhesiva transparente Scotch y el 30 de ese mes, de una muy humilde madre caraqueña de las montañas de Baruta, nace un tripón al que llamaron Ángel.

Éste sábado 23 de Agosto fuimos a visitarle, el caparazón está molestando, como dice él refiriéndose a los males que le aquejan, pero en esa preciosa tarde caraqueña, a las faldas del gran Sultán, El Ávila, nos recibe el dinámico gigante de siempre. Ya su voz no es la de un hombre normal, ahora su voz es constante poesía. Nos recibe en su precioso hogar en donde su hija Belkis le trata de cuidar de sus travesuras.

Le regalo una copia del que espero un día sea mi libro publicado y se le "agua el guarapo" y yo "que no aguanto dos pedías", también se me agua el guarapo; entonces nos invita a su estudio, quiere que lea un manuscrito escrito por él un 24 de Julio del 2012.

Procedo a leerlo en voz alta, lágrimas corren por sus mejillas, mi voz continúa trémula, tratando de controlar los quiebres de la misma. Mi esposa enjuga sus lágrimas en silencio mientras la respiración fuerte de mi padre se hace sentir al evitar sucumbir ante los sentimientos.

"FASTIDIO..."

"Hoy estaba fastidiado, pensando en lo que he vivido, me dio por escribir esto. Por jugadas del destino, nací hacen muchos años en la Caracas de antaño.

Por suerte llegué a este mundo, en una hacienda de aquellas que rodeaban la ciudad de entonces, por lo tanto soy campesino caraqueño a mucha honra. Mi infancia transcurrió, ayudando a mi padre a labrar la tierra, a pastorear y proporcionarle pasto a los pocos animales que poseía.

Entre la escuelita primaria y los quehaceres del campo transcurría mi niñez, estudié hasta tercer grado de primaria, prefería trabajar que estudiar, de la infancia conocí poco, me creía un pequeño hombre con mis nueve o diez años vividos.

A partir de los trece o catorce años empecé a trabajar en la ciudad, a veces sin devengar salario, con la idea de aprender trabajando, todo esto entrelazado a una pobreza digna que uno aceptaba con orgullo.

Tuve el privilegio de aprender a vivir, ser trabajador, cumplido, honesto, ahorrativo, como la mayoría de los muchachos campesinos de aquellos años.

El tiempo iba llegando y el niño se hacía hombre, no desaprovechaba oportunidades que me daban. Trabajaba mucho por poco dinero, pero también aprendía muchísimo en la universidad del vivir.

En la pasantía de la vida se estudia sin compromisos, caminando libremente, confiando en Dios que todo lo puede, y anda a nuestro lado para indicarnos el camino bueno, a través de nuestra conciencia.

Siempre optimistas, observando las nubes pasar, las golondrinas rondando, la brisa rumbo hacia el norte, al sol dorando las espigas, la montaña vestida de esperanzas, a las inquietas olas del mar sin pasaporte.

Lo bueno es que sigo estudiando a mis ochenta y dos años a cuestas, y lo mejor de todo es que en mí universidad no existe límite de edad, no se paga matricula ni mensualidades, se adquieren conocimientos sin calendarios ni horarios, sin ataduras con nadie, sin obligaciones ni exámenes, sin profesores, sin aulas, a cielo abierto, desplazándose libremente por las rutas de la vida.

Los profesores del vivir están en todas partes y no cobran dinero.

Yo no poseo títulos universitarios, ni diplomas, ni distinciones, mi título es invisible, solo yo lo puedo ver.

Y para colmo de bienes Dios me regaló el tesoro, de en el atardecer de mi vida, escribir y declamar sencillos poemas, que cientos de manos aplauden con emoción.

Qué más puedo decirles, sin ser millonario en dineros, tengo lo que un ser humano necesita para vivir en paz.

Estoy agradecido por lo que soy...

Ah. Del fastidio me olvidé..."

El Abuelo Ángel.
Ángel Tortosa B.
Julio – 24- 2014"

En el año 2000, a sus 70 años, Ángel comenzó a escribir poemas, despertó viendo poesía en todo, en todos y para todos.

A sus 80 años, el 26 de Marzo del 2011, asistimos al bautizo de su poemario, en la sede principal del Centro de la Diversidad Cultural en Caracas. Una recopilación de 17 poemas los que conforman la publicación, **Los Poemas del Abuelo Ángel**, editada por la Fundación Editorial El Perro y La Rana.

Comentaba en ese entonces que se sentía *"como el muchacho que le van a regalar un juguete caro, contento y agradecido en primer lugar con Dios, por lo que me ha regalado la vida y con tanta gente que me ha tratado tan bien"*.

Los 17 poemas que conforman su libro, fueron escogidos entre más de 900 que ya llevaba escritos en ese momento, *"tengo tantos poemas que yo casi no seleccioné, los tomé al azar"*. Agregaba además, que son sólo 17 porque *"el perfume caro se vende en frascos pequeños, es preferible que sean pocos y que la gente los lea con cariño"*.

La tarde se ha ido, entre poemas, recuerdos, fotos y grabaciones, me regala el escrito que transcribí arriba, 2 discos de poemas que me quema en su grabador de CD y un poema, Cien Cariños… él me dice que no se trata de él, que es solo algo que se le ocurrió por ahí, pero es el alma desnuda de este ser inmortal que a sus 84 años no deja de hacer… ni soñar…

"Cien Cariños…

Que amargo es llegar a viejo,
Y estar solo en un rincón,
Sin un familiar cercano
Que te brinde comprensión…

Que te de los buenos días
Te diga frases bonitas,
Que acaricie tus cabellos
Con hermandad infinita…

Como dice un viejo tango
Farra querida de aquellos tiempos,
Se perdieron las mujeres
Llegaron los sufrimientos…

Recuerdo cuando era joven

La vida me acariciaba,
Abundaban los amigos
Mujeres no me faltaban...

A mí me sobraba todo
Yo cien cariños tenía,
Todos los que me trataban
Lo hacían con hidalguía...

Pero todo fue pasando
Fue perdiéndose en el tiempo,
Hoy me acompañan silencios
Vestidos de sentimiento...

La nostalgia no se va
La nostalgia sigue ahí.
Voy a abrir la ventana
Pa' que se escape el sentir...

El Abuelo Ángel.
Ángel Tortosa B.
Julio- 27 – 2014"

Atrás dejamos el abuelo, a los pies de la montaña, a la que un jueves de invierno, contempló enamorado, cuando la vio *"...allá a lo lejos, de novia vestida, llena de felicidad..."*, me despido en la cocina al lado de "Los Helechos del Silencio" en el *"...patiecito lindo, donde respiran los sueños..."*, paso al lado del pino que crece a toda prisa, para llegar a su estudio y escucharle cuando lee los poemas escritos para él. No puedo dejar de inclinar mi cabeza a los pies de aquel pino, en donde se encuentra enterrado el periquito exaltado en otro de sus poemas.

Es que su vida dejó de ser vida para convertirse en poesía.

Nos despide desde la puerta, ese cantor de la vida, nos dejó sus "Caramelos" para que nos endulcen la vía.

Mientras me alejo, retomo la vida, atrás queda la magia, atrás la inmortalidad. La Avenida Rómulo Gallego es un mar de basura arrastrada por la lluvia que arriba era poesía y al contacto con la calle se transformó en terrible realidad.

¡Pareciera que el suelo está contaminado!... ¿Será que la patria está contaminada?

Bajo por el Centro Comercial Líder, una larga cola de vehículos espera para entrar al Mall, no es que puedan comprar mucho, es que es un sitio más o menos seguro para pasear a la familia, al menos más seguro que cualquier otro lugar.

¿A dónde se fue mi patria, a donde la poesía?

Llego a la Avenida Francisco de Miranda, los taxis, en un derroche de anarquía, simplemente bloquean 2 canales esperando pasajeros…

¿A dónde se fueron "Los profesores del vivir…"?

En mi mente escucho al poeta y sus "Cien Cariños…", ¿hablaba de él o de la Patria de Bolívar???

Nuevamente bajé del cielo al mismísimo infierno, mi esposa mira mi rostro, toma uno de los "Caramelos" del abuelo y me lo da.

La dulce golosina se disuelve en mi boca, mientras deja escapar la amarga esencia del café. En mi mente suena Ángel…

"Un compartir entre humanos
Con café y caramelos
Es como cambiar los tiempos
De malos a tiempos buenos

Cuando lento se camina
Cuando se piensa sincero
El camino se hace corto
Disfrutando un Caramelo…"

Mi mirada se transforma, se me aplaca el Poleo, la sonrisa se desborda mientras chupo el caramelo.

No tengo derecho a pedir lo que nunca yo he dado, con tan buenos maestros que jamás me han cobrado.

Es momento de devolver tan maravilloso legado, desde el recuerdo de mi vieja, hasta el poeta amado.

Es el momento de vivir y declamar con el ejemplo, de gritar a los cuatro vientos:

VENEZUELA NO ESTA MUERTA,
SOLO LA HEMOS OLVIDADO,
QUE SE LEVANTEN LOS MAESTROS
QUE DESPIERTEN LOS EXPROPIADOS
QUE CLAMEN NUESTROS MUERTOS
POR EL HAMPA DESGRACIADOS,
QUE SE LEVANTEN LOS NIÑOS
QUE LA PESADILLA SE VUELVA PASADO
ARRIBA VENEZOLANOS
¡A LUCHAR CONTRA LOS DESALMADOS
QUE CON ARMAS Y ENGAÑOS
LA PATRIA NOS HAN ARREBATADO!!!

Te quiero mucho mi viejo, Dios me lo bendiga.

¡ERES EJEMPLO DE LO QUE ES SER VENEZOLANO!!!!

Nada más grato que escribir acerca de héroes… mejor aún…

¡HÉROES VIVOS!

El Abuelo en CANTV, Caracas http://youtu.be/zujIih5viy8

Publicado el 26 de Agosto del 2014
http://unaaventurallamadavida.blogspot.com/2014/08/el-abuelo-angel-un-angel-de-poesia.html

CAPÍTULO 25

DEL PASTAFARISMO AL GALÁCTICO

El lunes en la noche, haciendo uno de esos paseos con el control remoto del televisor, me encontré con el nuevo canal de History Channel, **H2**. Una interesante propuesta que nos permite asomarnos a "Mucha más Historia", tal y como lo dice su eslogan.

De pronto me tropiezo con un documental que me deja atrapado, obviamente por los acontecimientos del día, reseñados por todo los medios de comunicación social, cuando una sociedad estupefacta escuchó "La Oración del Delegado"; suerte de adaptación del Padre Nuestro, realizada por partidarios del Galáctico y difunto comandante.

En dicho documental presentaban una compleja investigación, en la cual señalaban el pasto moral que dio vida a la aparición del Nazismo.

Mostraban a una sociedad alemana, vencida después de la 1ra. Guerra Mundial, un pueblo orgulloso sumido en la pobreza crítica, con las industrias destruidas, moralmente devastados y con su identidad diluida bajo la bota de los conquistadores.

El orgullo del Reich, había sido humillado, Alemania estaba vencida.

De ahí comienza un grupo a hablar de los valores del orgulloso pueblo Alemán, hablan de Socialismo, del poder del pueblo, de recuperar los valores perdidos, y nace el Partido Nacionalsocialista Obrero Alemán, mejor conocido como Partido Nazi (forma abreviada de la palabra alemana Nationalsozialismus).

Un nefasto líder se levantó de entre sus filas, gracias a sus grandes dotes de orador, el sargento austríaco se convirtió en el líder del partido. Su discurso Nacionalista, racista, antisemítico, anti bolchevique, militarista y llamando a la preservación de una mítica raza aria, cae como anillo al dedo en un descontento y frustrado pueblo alemán.

Pero esto no se quedó solamente en eso, una oscura figura, Heinrich Himmler, el soplón de la clase y futuro delincuente, como su padre señaló en una oportunidad; se convirtió con el tiempo en parte de un grupo paramilitar, denominado Reichsflagge o Bandera de Guerra del Reich, los cuales se caracterizaban por su tendencia ultranacionalista y militarista. Dicha agrupación participó en el Golpe de Estado de Múnich, apoyando al Partido Nazi de Adolf Hitler.

Cuantas cosas pasaban por mi mente mientras veía el programa. Cuantas similitudes, cuantos desaciertos. Es que pareciera que la historia nos condena a repetir las cosas que olvidamos. Y a veces, estamos tan cerca de los acontecimientos, que somos incapaces de reconocer el enorme parecido con otros que si recordamos.

Sin embargo, éste personaje no se queda ahí, posteriormente forma parte de la recién fundada SS (Schutzstaffel o escuadras de defensa, una organización militar, policial, penitenciaria y de seguridad de la Alemania Nazi). A los miembros de las Waffen-SS se les consideraba soldados extraordinarios. Sin embargo, estos aplicaban una notable brutalidad contras civiles apresados y prisioneros de guerra.

El 6 de enero de 1929, Adolf Hitler hizo jefe de las SS a Heinrich Himmler y para finales de 1932, las SS tenían más de 52 000 miembros. Al final del año siguiente contaban con más de 209.000. La expansión de las SS, realizada por Himmler, estuvo basada en la organización de otras sociedades, como la Orden del Temple, los camisas negras italianos y la compañía de Jesús.

Éste personaje se apoya en la legendaria raza aria para modificar las creencias y ritos que soportaban a estos supersoldados, lavando sus mentes y reivindicando en ellos el compromiso de recuperarse de los pecados cometidos, al mezclar su sangre pura con otras razas con el subsecuente castigo de perder sus privilegios y poderes de los descendientes del mítico Thule.

Alrededor de estas creencias, Himmler teje las bases de una nueva religión. Y busca grandes intelectuales de la "Nueva Alemania" para escribir **"LOS EVANGELIOS NAZIS"**.

Usted entenderá que para un ser ordinario como yo, que acababa de presenciar a una manada de fanáticos, rezando una adaptación del Padre Nuestro a su malogrado líder; ésta casual presentación convertida en documental, exaltó mi mente a tal punto que debo reconocer, no quise ver más TV, mi mente se saturó de innumerables imágenes que resaltaban a nuestra, a veces, paupérrima miseria humana.

Esa noche le comenté a mi esposa, todas las barbaries que en mi vida me habían impresionado, cuyo origen era la locura colectiva, nacida de la creencia en falsos dioses o profetas.

A mi mente vienen las imágenes de los cientos de personas muertas en uno de los suicidios colectivos más grandes de la historia. El falso profeta James Warren "Jim" Jones, fundador del Templo del Pueblo, compró al gobierno de Guyana una amplia propiedad rural donde edificó una comunidad llamada Jonestown, recibiendo allí a casi 900 seguidores suyos llegados desde EEUU. Jones eligió Guyana debido a que era un país de habla inglesa (facilitando las comunicaciones), con una población mayoritariamente de raza negra (lo cual excluía toda discriminación hacia sus seguidores negros), y con un gobierno afín a otros gobiernos socialistas (que por lo tanto no impediría operar al comunista Templo del Pueblo).

Jones, quien hacía tiempo había creado una atmósfera de miedo y permanente amenaza externa, empezó a fomentar entre sus adeptos una sensación del "fin de mundo" sosteniendo que el Apocalipsis era un evento cercano y que el Anticristo estaba encarnado en el capitalismo que ansiaba destruir la congregación.

El 18 de Noviembre de 1978, reunió a los líderes de la congregación y con el discurso de que, "*la muerte sólo era el tránsito a otro nivel*" y "*esto no es un suicidio, sino un acto revolucionario*", ordenó el suicidio masivo de los integrantes de la secta que se hallaban en Jonestown. Aproximadamente 250 bebes, niños y jóvenes, fueron asesinados con cianuro mezclado en gelatina. Luego los adultos tomaron la misma mezcla en forma voluntaria. A éste cobarde asesino lo encontrarían muerto de una herida de escopeta ya que al parecer no tuvo el valor de suicidarse y pidió a uno de sus seguidores que lo asesinase.

En el año 1993, la Rama Davidiana de Adventistas del Séptimo Día también conocidos como los Davidianos, eran considerados una secta protestante apocalíptica, nacieron como un movimiento disidente de la Iglesia Adventista del Séptimo Día.

Los Davidianos se caracterizaron por su desconfianza hacia el mundo exterior al cual veían como una amenaza. Por ese motivo acapararon un gran arsenal de armas de fuego.

Cuando el gobierno de los Estados Unidos intentó confiscar las armas ilegales de la secta, comenzó un tiroteo que más tarde derivó en un incendio que acabaría con la vida de su líder, David Koresh y decenas de sus seguidores.

Dicha tragedia fue conocida por el mundo como la Masacre de Waco…

También están los 48 fanáticos de la "Orden del Templo Solar" que se quitaron la vida en una granja y tres chalets de Suiza, en 1994; Y en 1997 los 39 miembros de la secta "Puerta del Paraíso", fueron hallados muertos en una mansión de San Diego (California, EE.UU.), boca arriba y con un velo que les cubría la cara y el pecho, esperando iniciar su "viaje" hacia una nueva dimensión, a la que llegarían en una nave extraterrestre.

El 17 de marzo del 2000, había llegado "El gran día". Al líder de la secta ugandesa de la "Restauración de los Diez Mandamientos de Dios", Joseph Kibweteere, y sus cerca de 800 seguidores se le iba a aparecer la Virgen para llevarles al cielo.

La locura colectiva se había desatado. Ese día, tras varios días de ofrendas y rituales, se refugiaron en su iglesia, cerraron las puertas con llave y tapiaron las ventanas para que nadie pudiera arrepentirse en el último momento. Luego, sin más dilación, se rociaron con gasolina y "desataron el infierno" hasta morir carbonizados.

Kibweteere, estaba convencido de que el fin del mundo llegaría en el año 2000, había sido un destacado político demócrata de la década de los 60, cuya vida dio un giro tras perder unas elecciones. Desapareció siete años y, después, comenzó a predicar que había tenido una conversación con la Virgen y Jesucristo.

Aquel mensaje apocalíptico fue difundido entre todos sus seguidores con la advertencia de que, antes de que llegara el fin del mundo, debían inmolarse para poder alcanzar "la salvación".

778 personas murieron, entre ellos, cerca de 80 niños.

"Entonces, si alguien os dice: "He aquí, aquí está el Cristo", o "He allí, allí está", no le creáis. Porque se levantarán falsos cristos y falsos profetas, y harán señales y maravillas para engañar, de ser posible, a los escogidos. Pero vosotros, ¡mirad! Os lo he dicho todo de antemano"
Marcos 13:21-23

Estas bien conocidas palabras de Jesucristo, inmediatamente implican dos cosas:

Hay falsos profetas y son peligrosos.

Peor aún, hoy estoy convencido de que están los que crean falsos profetas, con el fin de manejar a las masas ignorantes, los cuales al igual que aquel pueblo alemán, se encuentran con los valores destruidos, con la identidad perdida y con la creencia de que la esperanza se ha evaporado, ingredientes como crisis económica, divisiones de razas y clases, el enemigo capitalista y la amenaza exterior, vuelven a ser parte del discurso, en el pasto seco de un pueblo sin memoria.

Al día siguiente, le cuento a mi mamá de mi inquietud y me cuenta del enojo de un sacerdote amigo, el cual recibió a una humilde señora que solicitaba la bendición de su "Nuevo Rosario", de cuentas de color rojo y con el rostro del comandante en la medallita.

Herejía, distracción, miseria.

Cada día nos hundimos en una crisis más profunda, y estas cosas nos hablan del insondable abismo al cual nos aproximamos.

Una vez más me aferro a lo que soy, a lo que creo.

Nuestra batalla es contra el lobo disfrazado de cordero, es una guerra contra la mentira que se vende como verdad.

¿Qué nos puede sorprender de un planeta en el cual hasta un Monstruo de Espagueti Volador (**MonEsVol**) es el dios de una nueva religión…el **"Pastafarismo"**?

Cuánta razón tenía nuestro querido amigo el Papa Juan Pablo II, cuando aquel sábado 10 de febrero de 1996 nos decía, desde el Teatro Teresa

Carreño:

"...Vuestra Nación ha sido bendecida por Dios con abundantes recursos naturales. Cuenta con una población en su mayoría joven y dinámica; dispone de gente capacitada en muy diversos sectores; su pueblo tiene una religiosidad muy arraigada. Venezuela ha vivido en las últimas décadas un progreso económico real y significativo, unido al desarrollo de un régimen democrático y de libertades enmarcadas en un Estado de derecho. Sin embargo, actualmente se enfrenta a serias dificultades en los diversos ámbitos de la vida nacional, pues una grave crisis económica, que venía preparándose inexorablemente, está afectando duramente a la clase media y baja, aumentando de forma dramática la pobreza hasta hacerla desembocar en muchos casos en auténtica miseria.

No se debe olvidar que el proceso de empobrecimiento material conduce muchas veces a un empobrecimiento moral y espiritual de las personas y de los grupos sociales, especialmente de los jóvenes y adolescentes. Ello origina una grave crisis por la ausencia de valores en el campo de la ética, de la justicia, de la convivencia social y del respeto a la vida y dignidad de la persona. Esto, ciertamente preocupante, lleva a la desorientación, provoca desaliento y desesperanza, así como una cierta desconfianza en las instituciones.

La salida de esa situación es anhelada cada vez más por quienes piden el respeto y promoción de su inviolable dignidad de personas en todos los ámbitos de la sociedad..."

Tradicionalmente, termino mis escritos exhortando un cambio en nuestras conciencias, advirtiendo la maravilla de estar vivos y gozando de este precioso planeta y en especial de esta maravillosa nación; sin embargo, en esta oportunidad, quiero terminar con las mismas palabras que nuestro Papa Amigo, utilizó para terminar aquel discurso el cual siempre guardo en mi corazón:

"... Venezolanos, aunque sean serias las dificultades e inmensos los desafíos, grande ha de ser vuestro empeño. Ante un presente con incertidumbres y un futuro con interrogantes, haced valer las propias capacidades con imaginación y sobre todo con generosidad, confiando en Dios: Dios ama al hombre.

Venezuela ocupa un lugar de relieve en un gran continente lleno de esperanza. Afrontando sin miedo los retos de vuestra historia, alzando los ojos a lo Alto y con un corazón solidario, caminad con paso firme hacia el Tercer Milenio, aportando generosamente vuestros talentos a la construcción de un nuevo orden más justo por ser más humano.

¡Que Jesucristo, «Salvador y Evangelizador», os guíe y bendiga en este camino!

Juan Pablo II"

Dios nos bendiga y nos dé el discernimiento necesario para reencontrarnos con su amor en todos nuestros hermanos venezolanos..

Publicado el 4 de Septiembre del 2014
http://unaaventurallamadavida.blogspot.com/2014/09/del-pastafarismo-al-galactico.html

CAPÍTULO 26

50/50, MI NÚMERO PERFECTO

El número **5** siempre me ha llamado la atención por sus tantas peculiaridades, es el número preferido para más gente de la que usted se imagina. Sería fácil explicarlo si nos damos cuenta de que, el curioso numerito, está presente en todos los ámbitos de nuestra existencia.

Es importante saber que en el cuerpo humano, muchas cosa vienen agrupadas de a cinco, cinco sentidos, cinco dedos en cada mano y pie. De igual forma, la distancia entre el codo y el extremo de la mano, representa un quinto de la estatura de una persona "proporcionada".

Hablando de proporciones el cinco es un número de la sucesión de Fibonacci e igualmente un número de Bell. Matemáticamente hablando, el cinco es un número primo, pentagonal, número de catalán, número piramidal cuadrado y número cuadrado perfecto. ¿Quieren saber de una obra arquitectónica perfecta, basada en este número? Pues les invito a visitar la Abadía Benedictina de San José o Abadía de Güigüe, estado Carabobo, Venezuela, premio nacional de Arquitectura 1991 y completamente basada en el "cuadrado perfecto".

Los Juegos olímpicos están representados por cinco anillos entrelazados; los equipos de basquetbol están formados por cinco jugadores al igual que en el futbol sala y playa.

Las Vocales son cinco y no existe ninguna palabra que contenga cinco vocales en orden. Curiosamente, la palabra Cinco está constituida por 5 letras.

En la naturaleza las plantas de la familia de las Rosáceas, tienen flores con cinco pétalos; las estrellas de mar tienen cinco brazos y cinco ojos.

El planeta tiene cinco continentes habitados y Aristóteles sostenía que el mundo estaba hecho de cinco elementos: agua, tierra, aire, fuego y éter.

El Pentagrama o Pentalfa (como se le conoce en el mundo esotérico), es una estrella de cinco puntas, la cual es considerada, por muchas culturas, como un amuleto de buena suerte y defensa ante brujas y demonios. Los sumerios ya la utilizaban y al igual que la Estrella de David, ninguna cultura, sociedad, religión o país, tiene el monopolio de este símbolo. La estrella de cinco puntas es un símbolo del hombre, no solo por su parecido físico con el Hombre Geométrico de Vitrubio, sino porque sus lados encierran la proporción áurea, número que aparece en todas las formas de vida y en el hombre. Tiene la propiedad de autorreplicación, genera la espiral áurea y nos vuelve a llevar a la tendencia de los números Fibonacci, antes mencionados.

Para los Masones, la estrella de cinco puntas en el símbolo Universo, representa la escuadra y el compás entrecruzados, el cual integra lo material con lo espiritual.

Jesucristo sufrió cinco heridas, La Thora (el libro sagrado del judaísmo), está constituido en cinco partes, mientras que el Islam está basado en cinco pilares y los musulmanes rezan, mirando hacia La Meca, cinco veces al día.

Confucio sostenía que para ser buenos, debíamos poseer cinco virtudes máximas: tolerancia, verdad, benevolencia, amor al prójimo y respeto a los mayores, así como a los antepasados.

El día 12 de Agosto del 2014, siempre guardará especial significación en mi memoria y más importante aún, en mi corazón.

En esa fecha tan particular, celebré junto a un equipo maravilloso de personas, los 5 años de la materialización de un sueño, mi empresa.

Nada como las dificultades para templar el alma, y nuestra empresa se ha estado templando en un muy difícil ambiente económico, un concepto de servicio que se subleva a la mediocridad y al conformismo.

Eso somos, y porque somos así lo soñamos y cada día lo hacemos.

Tal y como lo dije, en nuestra humilde reunión decembrina, llevada a cabo a 4 meses de nuestra fundación en aquel año 2009:

"Nuestra empresa está fundamentada en valores básicos y simples. Los cuales considero perdidos en las circunstancias que hoy nos rodean y que ya no recibimos de ninguna entidad de servicio, y que les recuerdo porque son la esencia de nosotros mismos, en ellos se conjuga mi visión y nuestra misión.

Somos una empresa de servicios, cuyo mayor activo es su gente y su misión ES la gente"

Y debo recalcar que esos valores básicos y simples están en sintonía con el bueno de Confucio.

Éste 12 de Agosto, ha sido un día muy especial, nuestro primer Lustro.

Definitivamente, el número 5, se convertiría en un elemento especial y repetitivo, en los acontecimientos de este año 2014, en lo que a mí respecta.

Ese día en mi brindis, agradecí al fabuloso equipo que me acompaña, a clientes que se han vuelto amigos y compañeros en otras aventuras.

"Tanta gente a la cual agradecer que en mi peor momento no me regalaron nada material, solo me alentaron a despertar, me dijeron que yo podía y hasta me señalaron el rumbo…"

"Sería un pecado fracasar cuando se tiene tanto"

Emotivo momento para este humilde servidor que tiene tanto que agradecer.

Sin embargo la magia del instante se vio superada por el emotivo y sorpresivo discurso de nuestra querida amiga y socia, Milagros Blanco.

Para que tengan una idea, este "curioso" personaje es uno de esos raros especímenes que tiene la manía de sublevarse a la mediocridad. Es la persona por la cual la mayoría de las personas no apostarían porque su humilde origen no puede estar asociado a la grandeza en un sistema social como el que conocemos.

"La Negra" y su Discalculia (trastorno relacionado con las habilidades aritméticas) y Dismapía (Dificultad para leer los mapas y encontrar lugares, relacionado con la confusión de los puntos cardinales o con la orientación espacial), se negó a ser la humilde sirvienta que vislumbraron en su futuro, al contrario, se empeñó en sacar una carrera como Tecnico Superior en Administración… imagínenlo… administración con problemas aritméticos; y no le bastó eso, sino que alcanzó la Licenciatura, obteniendo una mención honorífica en su Tesis de Grado.

Situación que afectó mucho mi sensibilidad social, ya que sus acciones me demostraron que el mundo no pertenece a los que esperan que las cosas pasen, en realidad pertenece a los que hacen que las cosas pasen.

A "La Negra", le dije un día, sígueme y les confieso que sin más nada que con la promesa de que "algún día" lo lograríamos, me siguió.

5 años después…

Una vez leído mi discurso de agradecimiento, Milagros se levantó con otro preparado por ella, un discurso sin una sola palabra de más, un escrito sacado de lo más profundo de un alma buena y luchadora.

Un discurso salpicado de profunda Fe, proveniente de una formación Salesiana. Cargado de emotividad, agradecimiento, recuerdos, y para sorpresa mía de pensamientos plasmados por mí, en mis artículos anteriores.

Un discurso que hacía intenso con uno de los pensamientos que más he defendido en mi vida y que un día pude leer que había sido expresado por un alma grande, Nelson Mandela:

"Lo que cuenta en la vida no es el mero hecho de haber vivido. Son los cambios que hemos provocado en las vidas de los demás lo que determina el significado de la nuestra"

Debo confesar que a partir de aquí, su discurso estuvo dirigido a mi persona, a su gran amiga y socia, mi esposa, a nuestro socio mi padre, a mi madre y al quinto socio de nuestra empresa… **Dios**.

Decirles lo que sigue del discurso no es posible colocarlo acá, porque la emoción me traicionaría, sin embargo, quiero compartirles los párrafos finales:

"Siendo como eres y como es tu espíritu… me imagino haciendo una lista de las 100 cosas por hacer antes de morir, y sé que has conseguido varias, de los cuales puedo responder por ti, que sé que has hecho o que has comentado que has hecho,
…Pero hay una que sé que no has hecho, y hoy quiero darte digamos ese empujoncito para que lo logres…
Gracias… Reinaldo
Y ÉSTA ES… PUBLICAR UN LIBRO"

Muy bien, a esta altura, entre sollozos de la audiencia, etcétera, etcétera, se imaginaran como estaba yo cuando me entregan el paquete.

Me temblaba hasta el alma.

Y allí estaba, uno de mis sueños en mis manos, cargado de mis ocurrentes ilustraciones, letra a letra plasmada sobre el papel, biografía, prefacio y hasta un índice.

Siempre sostuve la máxima que reza, "La vida estará completa cuando siembres un árbol, tengas un hijo y escribas un libro"… Les confieso que lamentablemente no pude tener un hijo, pero ahora les puedo asegurar que he sembrado más de un árbol y escribí un libro.

Este año 2014, a mis 50 años, a los 5 años de haber hecho realidad nuestra empresa de 5 socios, con este artículo, el número 50, considero cerrado el primer ciclo de lo que espero sean muchos ciclos más y me gustaría pensar que muchos libros más.

Con este artículo cierro un momento de mi historia, en el cual he querido dejar por escrito lo que soy y lo que siento, desde aquella tarde de Mayo del año 2008, en la cual la curiosidad me hizo abrir mi blog **"Una Aventura llamada Vida"**, pasando por mis 2 escritos del 26 de Noviembre y 20 de Diciembre del 2008, cargados de frustración y tristeza, surgida de una de las tantas farsas electorales en las que hemos participado; hasta pasar por **"La Mata de Navidad y el Jardinero"**, de Octubre del 2010, articulo el cual estimo mucho y definió un estilo y mis ganas de continuar; hasta llegar a este momento, casi 6 años después en lo que considero hemos vividos emocionantes momentos juntos en nuestra convulsionada nación.

A mis 50, en un país que pareciera estar 50/50 en todo, en un momento en que todos parecieran ver el vaso medio vacío, mientras algunos nos empeñamos en ver que aún está medio lleno. Les entrego 50 tesoros de mi alma.

Del Milagro que me dio Milagros, cayó un cartoncito amarillo con otras palabras escritas por ella, no es largo, solo resalta lo que más le llamó la atención del libro recién nacido; al final resalta unas palabras sacadas de uno de mis artículos:

"NO DEJO DE ADMIRAR AL ESPÍRITU HUMANO, CON TANTAS DEBILIDADES, CON TANTO EGOÍSMO Y EN ALGUNOS CASOS ES CAPAZ DE SUBLEVARSE A SU PROPIA MISERIA Y ALZARSE HEROICO ANTE LAS SITUACIONES MÁS ADVERSAS E INCLUSIVE MORTALES..."

Gracias amigos por leerme, gracias por los comentarios que me han alentado a seguir expresando una visión muy particular del momento que nos ha tocado vivir.

A este libro le falta un final espectacular, el cual está por ser escrito por todos los que aún creemos en esta noble nación.

ESTIMADOS AMIGOS...

PUDE SEMBRAR UN ÁRBOL...

PUDE ESCRIBIR UN LIBRO...

¡Y LES JURO QUE NO DESCANSARÉ HASTA QUE NUESTRA PATRIA NOS PARA MUCHOS HIJOS DE LA LIBERTAD!!!!

Si les gustó la primera parte, la segunda les va a encantar... porque tratará de las últimas horas de una noche muy oscura, de un nuevo amanecer y de una mañana en donde se respira Justicia, Paz y Libertad.

Gracias y que Dios les bendiga, mis queridos protagonistas...

P.D. El 29 de Septiembre del 2014, MAFALDA cumple 50 años y está más viva y actual que nunca... y se siguen sumando milagros al 5! Gracias Quino... el 64 fue un buen año!

Publicado el 24 de Septiembre del 2014
http://unaaventurallamadavida.blogspot.com/2014/09/5050-mi-numero-perfecto.html

CAPÍTULO 27

ENTRE SENSACIONES, ZANCUDOS Y CHIKUNGUNYA

Lo más interesante de los cuentos y las historias, es que forman parte de un hilo mayor de cosas que venían sucediendo, así como de otras que sucederán, sin hablar de todos aquellos fragmentos que se suceden simultáneamente en innumerables espacios colaterales. Al menos en mi caso, después de una película o libro, mi mente siempre queda llenando los antes y los después del relato; nunca he sido bueno para las despedidas, y debo confesarles que me cuesta despedirme de los personajes y de su historia.

Hoy en día me siento menos solo en lo que parecía una locura, gracias a mi estimado amigo, desde el final de mi infancia hasta hoy, George Lucas (¡Saludos Georgito! Besos a Mellody y a los niños), imagínense, a George le conozco "unilateralmente", desde que tenía 11 años y me puso a alucinar y vestir de bata blanca, luego de ver "**La Guerra de las Galaxias**" a finales de 1977... mi esposa tendría unos tiernos 5 añitos...

El asunto es que yo quedé convertido en un Jedi, después de ver la "primera" película, de lo que sería una saga legendaria. No obstante, George, sin conocerme, intuyó que me quedé pensando en la historia y me les dio una segunda y hasta una tercera parte, "**El Imperio Contraataca**" (1980) y "**El Retorno del Jedi**" (1983).

El Jedi retornó y yo me fui a la Universidad, dejando mi "Sable de Luz" en un oscuro rincón de mi lejano hogar.

Cómo podría imaginar, que George supo de mi necedad con la continuidad de las historias. De un solo "guionazo", le manda un golpe mortal a mi afiebrada mente, la cual muerde con furia la temible carnada y me hace caer rendido y sorprendido ante la película 1, así es, la 1 de la saga, diciéndome que la que yo creí era la primera, ahora era la cuarta, resultando que vi hasta la sexta y me faltarían por ver la segunda y la tercera ¿clarito no?

En 1999, casado con la niñita, aquella que en 1977 tenía 5 años, volví a desempacar mi "Sable de luz", y aprendí que la historia contada y escrita son solo momentos y entre esos momentos se tejen miles, millones de otras historias; falta mucho por ver de la Guerra de las Galaxias, como espero falte mucho tiempo, antes de que este viejo Jedi cuelgue el Sable y se una a la Fuerza.

Este es el primer artículo de la que considero otra etapa de mis relatos y transcurre en un momento trascendental en la historia de la humanidad; el medio oriente está en crisis, ya sé que siempre está en crisis, pero en este momento, una gran cantidad de países, incluyendo Irán, se unen a su "tradicional" enemigo, los Estados Unidos de América, para hacer frente común contra **ISIS**, un sultanato islámico decidido a hacerse un país, a costa de territorio ajeno, dinero, un gran despliegue publicitario y un camino de cabezas degolladas.

En África, en este momento, la Organización Mundial de la Salud (OMS) ha contabilizado 5.864 casos de Ébola, de los cuales estima hay 4.000 fallecidos, en el mayor brote de la mortal enfermedad, que haya conocido hasta el momento la humanidad. Sin embargo, suponen que los casos deben estar en los 20.000, debido a todos aquellos que no han sido localizados o han muerto sin diagnóstico.

Los EEUU estiman, que a este paso, para mediados de Enero del 2015, África puede estar contabilizando hasta 1,4 millones de casos. Imaginen la tragedia si la enfermedad tiene una tasa de mortalidad que ronda el 90%.

En este instante, mientras escribo, recibo la noticia de que el liberiano que presentó Ébola en USA acaba de morir; y en España, las autoridades toman en custodia a Excalibur, la perra de la enfermera contagiada por el virus en ese país, a fin de ser sacrificada, luego de ser declarada un posible transmisor, al haber estado en contacto con su dueña, quien por cierto, se encuentra en estado crítico. Cientos de personas trataron de evitar el sacrificio mientras cientos de miles de personas, en todo el mundo, mostraban su rechazo a través de las redes sociales. Lamentablemente, la gente mostró mayor simpatía por la perra que por la dueña agonizante, contagiada por un mal procedimiento en los protocolos de contención.

En Venezuela no nos recuperamos del brutal asesinato del joven diputado del partido de gobierno Robert Serra, junto a su pareja.

A los minutos de ocurrido, ya se escuchaban a los voceros del gobierno, acusar a la "Derecha Endógena", los "Conspiradores Mayameros", al "Paramilitarismo Uribista", al opositor de su preferencia y pare usted de contar. Otro caso más que quedará plagado de interrogantes, otro crimen más producto de las "cosas" del poder; mientras el SEBIN y CICPC, atacan colectivos, se caen a balazos por más de 7 horas, matan a unos cabecillas de los colectivos "desarmados" de la Paz en el enfrentamiento y un otrora amigo de la revolución, es mostrado como un vil delincuente por los que hasta hacia unas horas eran su "Panas" del alto gobierno.

Mientras esto sucede, el resto de los venezolanos, seguimos sumidos en la parálisis nacional, paralizados por la inseguridad, porque no hay pasajes para salir del país, por la escasez y muchos, al igual que yo, paralizados en nuestras casas reposando una enfermedad de la cual el gobierno se ha lavado las manos... aunque lavarse la mano no sirve para nada porque la misma se transmite por la picadura de zancudos, o más bien "zancudas".

El 5 de junio del 2014, el Instituto Nacional de Higiene, confirmó el primer caso de "Chikungunya" en el país.

La paciente provenía de República Dominicana por lo que se consideró un "caso importado". Sin embargo, para Julio, el Ministerio para la Salud informó que el número de casos superaba 50 infectados y 7 de los pacientes no habían viajado al exterior, por lo que se consideraban "transmitidos localmente".

A principios de Agosto, el entonces ministro para la Salud, Francisco Armada, indicó que ya el número de afectados por la Chikungunya superaba los 200 y las transmisiones locales comenzaban a ganarle terreno a los números de casos "importados".

La nueva ministra para la Salud, Nancy Pérez, informó que hasta la segunda quincena de Septiembre han confirmado más de 398 casos de la fiebre Chikungunya en el territorio nacional, de un total de 1.239 sospechosos.

Debo reconocer que ésta cifra es bastante interesante, ya que los casos diagnosticados (en donde existen los reactivos para hacer los diagnósticos, lo cual es "raro") no van a ninguna estadística oficial confiable. Directamente me informo un proveedor de servicios de salud privado, que "por órdenes superiores" no podían diagnosticar la enfermedad como Chikungunya. Así sucede en Socialismo... si todos unimos nuestras manos adolorida, hinchadas y llenes de manchas y decimos mil veces que no es... ¡NO ES!

Aunque para ser una enfermedad exagerada por la oposición política (así es amigo lector, los problemas de salud en Venezuela no son problemas de salud, son problemas políticos), e inclusive una "Guerra Bacteriológica" lanzada por la derecha endógena "mesma", resulta extraño que de pronto se ordene, vía decreto (Gaceta Oficial de la República Bolivariana de Venezuela Nro. 40512 del 6 Octubre 2014):

"...Resolución mediante la cual se declara la enfermedad de fiebre de Chikungunya como evento de notificación obligatoria, por parte del personal de los establecimientos médicos asistenciales públicos y privados en todo el territorio de la República Bolivariana de Venezuela."

No puedo negar que ante tantas señales me daba un poco de temor viajar a Valencia, mi suegro y cuñada habían sido diagnosticados con "la innombrable" y para aquellos que trabajamos sin el amparo de un quince y último, la posibilidad de enfermar y guardar reposo no nos es nada atractiva. Sin embargo, deberes laborales y familiares hacían impostergables viajar a la capital de Carabobo.

Pasadas las 9 de la mañana del viernes 3 de octubre del corriente, nos aprestamos a salir a la capital del Estado Carabobo, Valencia. Con todo listo en el automóvil, los ojos desorbitados de mi esposa me hacen girar repentinamente a mi izquierda, en donde veo con sorpresa y sin dar crédito a lo que estoy mirando, el camión de la basura.

Para que tengan una idea, en la zona en la que vivo, este vehículo es casi un mito.

Saltamos del auto a la casa recogiendo toda la basura que podíamos y a la misma carrera entregamos nuestra basura a los duendes que viajan con el Sr. Gordo de rojo y su trineo blanco (Tranquilos no es "ESE" señor gordo, tan solo es un Chofer gordo con una franela roja y raída, que dice "Hecho en Socialismo").

Después de este maravilloso augurio, podíamos partir, con esa sabrosa sensación que siente una persona, después de compartir, por primera vez, con las ballenas jorobadas, en alguna exótica bahía del mar de Cortés. Los venezolanos hemos aprendido a ser felices con la migaja gubernamental.

En fin, un viaje sin contratiempos, después de todo, en Venezuela cada día hay menos automóviles, ya sea porque se van quedando varados por falta de repuestos o es que simplemente sus usuarios ya no se encuentran en el país.

Después de estacionarme en Valencia, al intentar bajar del auto, lo sentí...

Imaginen que han estado horas con las piernas cruzadas y se enderezan de pronto; esa aguda punzada paralizante detrás de las rodillas o como muchos le conoce, la corva. Por segundos no pude enderezarme y menos aún retomar mi camino.

Mi esposa nota mi gesto de dolor, a lo que añadí jocosamente que "la carrerita detrás del camión de la basura estaba pasando factura". Tomando aire, como solo los machos sabemos, reanudé mi camino, cargando paquetes y maletas mientras mi niño interior lloraba desconsoladamente.

El día transcurrió sin mayores contrariedades, cumplí, dolorosamente, mi agenda. Fui a ver a mis sobrinas, me usaron de parque de diversiones y al llegar a casa, le solicite a mi esposa me masajeara la "Corva" (eso sonó grotesco), a lo cual accedió mientras me colocaba hielo y nos reíamos acerca de que con cada visita, la edad se hacía sentir. El día había sido atípicamente caliente y así me seguía sintiendo, siempre el primer día en Valencia, me ha resultado sofocante, sin embargo, éste había sido excepcional, tan excepcional como el dolor de cabeza que atenazaba mi sien.

Según la Organización Mundial de la Salud, "La fiebre Chikungunya es una enfermedad vírica transmitida al ser humano por mosquitos. Se describió por primera vez durante un brote ocurrido en el sur de Tanzania en 1952. Se trata de un virus ARN del género alfavirus, familia Togaviridae.

"Chikungunya" es una voz del idioma Kimakonde que significa "doblarse", en alusión al aspecto encorvado de los pacientes debido a los dolores articulares.

La fiebre Chikungunya se caracteriza por la aparición súbita de fiebre, generalmente acompañada de dolores articulares. Otros signos y síntomas frecuentes son: dolores musculares, dolores de cabeza, náuseas, cansancio y erupciones cutáneas. Los dolores articulares suelen ser muy debilitantes, pero generalmente desaparecen en pocos días."

Cada movimiento de las piernas me resultaba extremadamente doloroso esa noche. En la madrugada, el simple hecho de ir al baño, me sorprendió con la fuerte dificultad para incorporarme. Era evidente que no podía enderezar las rodillas, por lo tanto asumí una posición encorvada, a fin de moverme al baño mientras me sostenía de las paredes.

"Sábado 4 de Octubre, 4:00 a.m., no puedo dormir, me duelen aún más las corvas y ahora se me unen los tobillos, trato de estirar las piernas y mover los tobillos, no puede ser que esté tan oxidado. Mientras mi mente divaga, un escalofrío recorre mi espalda, haciéndome recordar las declaraciones del Dr. Ángel Sarmiento, Presidente del Colegio de Médicos del Estado Aragua acerca de las misteriosas muertes ocurridas en el Hospital de Maracay unos días atrás."

"El presidente del Colegio de Médicos del estado Aragua, Ángel Sarmiento, informó sobre la muerte de ocho personas, cuatro adultos y cuatro niños, en el Hospital Central de Maracay a causa de una enfermedad que aún no se ha identificado.

El dirigente gremial explicó, reseñó el diario El Universal, que las ocho víctimas presentaron los mismos síntomas desencadenando su muerte en menos de 72 horas. De acuerdo con sus declaraciones, se trata de un cuadro febril que alcanza 40 grados, malestar general y erupciones en la piel que luego forman ampollas. "Asimismo, se presentan sepsis que originan fallas multiorgánicas que produce coagulación intravascular diseminada, sangramiento de oído y nariz y el posterior colapso del organismo".

Descartó que la causa de la enfermedad se trate de Ébola o meningococcemia, como se rumoró en un principio a través de las redes sociales. Esperan por los resultados de las pruebas practicadas, reseñó El Universal, a los cuerpos de las víctimas para determinar si se trata de una enfermedad viral o bacteriana...

Correo del Caroní, 11 de Septiembre del 2014"

A duras penas me levanto a las 6:47 a.m., extrañamente me ha disminuido el dolor en la corva derecha y en la izquierda se me ha desaparecido, eso me levanta el ánimo pero ya a esa hora, el calor se hace más intenso, las orejas se me van a encender y pienso, ¿será la tensión?.

En realidad no me provocaba desayunar, al no aceptar mi segunda arepa, todos me miran con asombro, debo reconocer que me sentía lleno. La verdad es que sentía llenura de barriga y "pecho", como si tuviera el pecho apretado y comenzaron unas punzadas de dolor en la espalda, cintura y hombros. De igual forma noto que me duelen las muñecas. Me río y bromeo con que cargar a las niñas me dejó "molido".

Al pararme de la mesa, me duelen nuevamente las corvas, aún más intensamente que el día anterior.

Me provoca tomar un Ibuprofeno para el dolor de las articulaciones, como buen venezolano que se automedica, pero inmediatamente me asalta la mente un artículo de Maria Emilia Jorge, publicado en el periódico EL NACIONAL el día 24 de Septiembre del 2014, en el cual resaltaba:

"...*El infectólogo Julio Castro, investigador del Instituto de Medicina Tropical, dice que también el paracetamol puede recetarse en estos casos. "Tiene los mismos componentes del acetaminofén, pero paracetamol es el nombre europeo"*.

Los especialistas recomiendan mantener hidratado al paciente, que tome mucha agua y lleve una dieta que pueda tolerar, basada en sopas y alimentos licuados. Los baños y compresas con agua fría también contribuyen al control de la temperatura.

Ambas enfermedades (dengue y Chikungunya), tienen síntomas parecidos: fiebre, dolor y erupciones. En el Chikungunya el dolor se concentra en las articulaciones (codos, rodillas, muñecas, tobillos) y en el dengue es general y muscular.

Contraindicaciones."*Existe la posibilidad teórica de que el paciente tenga las dos patologías, porque las produce el mismo vector. Los dos virus están circulando actualmente, sobre todo en la zona central del país", indicó Hernández. Ante ese supuesto y ante la dificultad de diferenciación clínica, la experta recomienda descartar el uso de antiinflamatorios no esteroideos (Aines), como el ibuprofeno, el diclofenac potásico y sódico, o la novalcina, que pueden fomentar el desarrollo de hemorragias.*

Una vez ha sido descartado el dengue podrían usarse algunos medicamentos del grupo Aines para actuar sobre el dolor articular o antialérgicos que disminuyan el prurito, explica Sánchez. "En pacientes con enfermedades de base que tienen que ver con las articulaciones, los dolores son más intensos. En esos casos podría llegarse al uso de medicamentos con pequeñas cantidades de esteroides"..."

"No es nada... para qué llamar al médico, o a la ambulancia, no voy a ser el aguafiestas... eso se me va a pasar."

Cae la tarde del sábado, unos amigos nos han invitado a comer pizzas a la leña en su horno a estrenar, creación del padre de nuestra querida "Martica". Como no asistir, las niñas, la suegra, los cuñados, los amigos. A mí me duele hasta pensar, no aguanto el sueño y los ojos me pesan, me pican, pero no voy a dejar que los otros la pasen mal, a lo mejor con la pizza y una cerveza se me pasa.

Pasamos el rato, apenas como, y a decir verdad me da la impresión de que todo me sabe igual. Ya siento que me duele "hasta el pelo", demasiado calor, siento que me quemo y no encuentro forma de sentarme sin dolor; trato de respirar profundo pero el calor oprime mi pecho. Mi esposa se sienta a mi lado y me pregunta cómo me siento, me veo descompuesto... me pican mis adoloridas manos... me rasco... ella toma mi mano.

¿Qué te pasa? Me dice con cierta alarma y al levantar mi mano puedo notar tanto mano como brazo se están llenando de minúsculas manchas rojizas. Inmediatamente notamos que son ambas manos y brazos, al igual que pecho y hombros, mis tobillos y piernas muestran la misma señal.

Nos vamos, debo reconocer que la mayoría se despedía de lejitos, mientras un susurro recorría la terraza... Chikungunya...Chikungunya.

A Dios gracias que como buenos venezolanos ya habíamos buscado con frenesí apocalíptico el escaso Acetaminofen.

Llegamos al apartamento y me baño, frio, nunca había sentido tanto frío en Valencia.

Me toman la temperatura, 39,3 grados centígrados, temperatura que no me bajaría hasta la tarde del día siguiente, gracias al tratamiento con Atamel. Ahora entiendo por qué mi esposa caminó tanto para tener esas dosis de la medicina, es que vivimos la Venezuela escasa del socialismo del Siglo XXI.

Debo confesarles que me vi en la obligación de tomarme toda la semana, tras varios días tratando de escribir este artículo, lo dejé hasta recuperar el uso de mis facultades mentales y físicas. El cansancio constante no era normal, el ardor en los ojos y los terribles dolores en mis hinchadas manos, me impedían escribir. Y lo peor de todo, nada me sabía bien, ¡la maldición del goloso puej!

Fue solo una semana que no trabajé, una semana en la cual solo gasté, pues no estaba posibilitado de producir.

Es posible que en este momento yo sea simplemente 1 de los 4 venezolanos por cada 10 habitantes que tiene la enfermedad y que NO están produciendo. ¡Saque la cuenta Señor director!

Soy uno más de los venezolanos de a pie que vemos vulnerados nuestros derechos constitucionales, debido al "Juego político", producto de la corrupción e ineficiencia, grandes motores de la Revolución.

"Artículo 83. La salud es un derecho social fundamental, obligación del Estado, que lo garantizará como parte del derecho a la vida. El Estado promoverá y desarrollará políticas orientadas a elevar la calidad de vida, el bienestar colectivo y el acceso a los servicios. Todas las personas tienen derecho a la protección de la salud, así como el deber de participar activamente en su promoción y defensa, y el de cumplir con las medidas sanitarias y de saneamiento que establezca la ley, de conformidad con los tratados y convenios internacionales suscritos y ratificados por la República.

Artículo 84. Para garantizar el derecho a la salud, el Estado creará, ejercerá la rectoría y gestionará un sistema público nacional de salud, de carácter intersectorial, descentralizado y participativo, integrado al sistema de seguridad social, regido por los principios de gratuidad, universalidad, integralidad, equidad, integración social y solidaridad. El sistema público de salud dará prioridad a la promoción de la salud y a la prevención de las enfermedades, garantizando tratamiento oportuno y rehabilitación de calidad. Los bienes y servicios públicos de salud son propiedad del Estado y no podrán ser privatizados. La comunidad organizada tiene el derecho y el deber de participar en la toma de decisiones sobre la planificación, ejecución y control de la política específica en las instituciones públicas de salud... Constitución de la República Bolivariana de Venezuela"

Desde mi afiebrada mente y mi adolorido cuerpo, lamento mi situación, así como la de los miles de venezolanos que atraviesan ésta y todas las enfermedades que no cuentan con los insumos básicos, en especial aquellos destinados a fenecer por la carencia de tratamientos adecuados contra el cáncer. Lamento la mortalidad de niños en hospitales decadentes, ante el abandono del sistema de salud público. Nosotros estamos, en este momento metidos en la "coyuntura" sanitaria de un país enfermo.

Mientras la temperatura del país se eleva cada día, a Venezuela se le han inflamado la coyuntura económica, la política y la social. Los dolores coyunturales han paralizado a la nación con una de las mayores reservas petroleras probadas del mundo, mientras el precio del barril baja y al país le escasea su medicina, las divisas.

Un sarpullido rojo inundó al país y sus instituciones, en una vorágine de corrupción e ineficiencia.

Al país lo picó el zancudo del Socialismo... el país tiene Chicungunya... por cierto "caso importado" de Cuba.

6 días después, cuando creía que ya me podría reintegrar a mi trabajo me brota nuevamente el sarpullido con mayor intensidad, los brazos duelen. Llamé al doctor, me dice que es normal, que continúe el reposo, esos eventos continuarán sucediendo. La enfermedad no tiene cura, simplemente se atacan los síntomas, igual como el gobierno, carente de dirección, ataca los síntomas de la crisis dejando que el virus rojo continúe su proceso infeccioso en las raíces más profundas del pueblo venezolano.

El doctor me indica que pasarán meses de recaídas y recuperaciones, pero hay que esperar a que el cuerpo cree las defensas, capaces de hacer frente a la enfermedad. 15 años con esta enfermedad y aún el país no ha podido crear los anticuerpos para repeler el virus de decidía, corrupción e ineficiencia.

12 días después, las manos se me vuelven a inflamar, el cansancio continúa y el gobierno pide una reunión de emergencia con los países miembros de la OPEP, pero tranquilos, llegaron a puerto los insumos para

la "Navidad Feliz 2014". Todo va a estar Chévere.

Este virus no se acaba hasta que cada uno de nosotros actúe en oposición al deterioro de nuestra nación, en las manos de cada uno de los ciudadanos de este país se encuentra el cambio, es un venezolano el bachaquero, el buhonero, el funcionario público. Es venezolano el trabajador de la empresa privada, el motorizado y el camionetero.

Venezolanos somos todos y como un todo debemos declararnos opuestos a la todos aquellos valores que nos arrastran a ser parte del sistema perverso de desvalorización moral y social.

No conseguimos la solución porque estamos enfermos.

Esperamos nos resuelvan el problema cuando somos parte del problema.

No esperemos la vacuna, cuando somos parte de la enfermedad.

¡VENEZOLANO, ES HORA DE DECIR BASTA!

ES TIEMPO DE PLANTAR NUESTRO ROSTRO AL FUTURO Y DEJAR DE SER CÓMPLICES DISFRAZADOS DE SOBREVIVIENTES.

¡LLEGÓ EL TIEMPO DE SER VENEZOLANOS!!!!

DILE NO, A LA COMPRA DE CONCIENCIAS… ES HORA DE DEJAR DE SER PENDEJOS CON CARA DE "VIVOS".

ES HORA DE REVOLUCIONAR LAS CONCIENCIAS Y PARALIZAR A LA ENFERMEDAD.

¡VENEZOLANO, EN EL NOMBRE DE DIOS Y POR EL FUTURO DE TUS HIJOS, LEVÁNTATE Y ANDA!!!!

ES TIEMPO DE DEJAR AL LADO LAS "SENSACIONES" Y DEJARNOS "SENTIR".

Solo siendo singularmente buenos, podemos aspirar a una buena pluralidad.

Yo quiero ser más bueno y menos "Buenon"…

Yo me levantaré, lucharé y produciré, porque ese es mi credo.

MI CREDO ES VENEZUELA

Deja de hacer las cosas porque "los demás lo hacen".

NO SEAS VIRUS, SÉ LA MEDICINA

Publicado el 15 de Octubre del 2014
http://unaaventurallamadavida.blogspot.com/2014/10/entre-sensaciones-zancudos-y-chikungunya.html

CAPÍTULO 28

QUERIDO VECINDARIO... ¡YO CREO!

Días atrás, me sucedió una de esas cosas ya comunes en mi maltratado país, se me dañó la batería del carro. Imagínense, final de año, escases de baterías y en muchos lugares el comentario es que, no habrían sino hasta el año que viene.

Debo reconocer que la desesperación fue total, una mezcla de decepción, obstinación... uno de esos momentos que rebasan el vaso y que logran oscurecer tu alma con los deseos más oscuro.

El asunto lo resolví, mejor de lo que pude haber imaginado.

A la semana siguiente, decidido a dejar mi visión de estos aciagos momentos, un artículo el cual titulé "Ahora me tocó a mí". Traté de darle un tono jocoso en medio del trauma que representa a cada venezolano, la diligencia más simple. Traté de exponer las peripecias de esta nueva aventura y darle un giro aleccionador, como todos están acostumbrados, ¡Imprimirle mi estilo, puej!

Sin embargo, éste se convirtió en un artículo, el cual me dejaba un amargor en la boca, llevándose la "jocosidad" y dejándome el desagradable sabor a caramelo quemado. Con todo y eso, se lo entregué a mi mayor crítica, orientadora y correctora de estilo, mi esposa.

Debo confesar que cada vez que le entrego un artículo, me siento como el niño que hace un dibujo y se lo enseña a su mamá... en mi "corazoncito" aparece una creciente expectativa que colinda con la ansiedad... esperando el aplauso que corona el éxito. Estoy seguro de que todo el que escribe, es como el artista, espera el aplauso.

La mirada de mi "editora" fue perturbadora, una lágrima asomó en su ojo y con actitud muy profesional, continuó con profunda seriedad, aunque con ocasionales sonrisas, escribiendo sus observaciones hasta el final del artículo.

Está bien... pero.- fue lo primero que acertó en decir.

No es cierto que todos los seres humanos somos iguales, al final somos lo que la vida ha hecho de nosotros, hasta éste preciso instante en el cual usted, mi querido lector, me brinda el honor de leerme.

Percibimos la vida a través de los filtros que se han ido depositando, cual capas, desde nuestra más tierna infancia, salpicados de miles de matices emocionales, plagados de experiencias y conocimientos, los cuales desembocan en dotarnos de una percepción muy personal de los acontecimientos.

En cristiano... podemos ver lo mismo... pero no necesariamente lo percibimos igual y menos lo recordamos de la misma manera.

Para mí, solo una batería, un problema que resolver, una nueva aventura que vivir... para ella, una arista más de la desgracia que sucumbe a nuestro país, un ítem más que resta ilusiones, un motivo más para decepcionarse, una razón más para que las emociones que mantienen la estructura sentimental que nos unen al país, se disuelvan en el mar de recuerdos de lo que un día fue mejor.

Debo reconocer, que las mujeres tienen una gran capacidad de mantener los pies en el suelo, gracias a eso es que no me he perdido entre mis dragones, dinosaurios y hadas, los cuales aletean constantes en mi muy particular universo.

Era fácil entender que para ella era difícil entender. La tragedia no puede ser jocosa, la desgracia que vivimos no nos puede hacer reír...

Nos convertimos en la sombra de un pueblo, condenados a deambular como ánimas en pena para obtener las cosas más básicas, las cuales nos permitan abrazar la idea de una utópica y "feliz" realidad. Nos aferramos a la idea de que aún no estamos mal, porque nos sentimos incapaces de aceptar tan lamentable realidad. Parecemos al alcohólico que no acepta su condición, lamentablemente hasta que no seamos capaces de aceptar nuestra realidad, no seremos capaces de llevar a cabo las acciones necesarias, valientes y definitivas, para hacer frente al estado de pudrición, en el cual permitimos nos hundiera el Socialismo del Siglo XXI.

Las ideas parecen buenas, hasta que el estómago gruñe, la piel se eriza del frío y el corazón duele por el despecho de lo que pudo ser y no fue.

De más está decir que el artículo se quedó arrumado en mi escritorio... durmiendo el sueño del desencanto y la lamentación.

El mes de Diciembre del año 2014, ha continuado su curso, cargado de trabajo y múltiples actividades. El día a día avanza implacable, en medio de, malas noticias, nada alentadoras perspectivas para el futuro próximo, más escases, más colas de personas buscando artículos de primera necesidad; Se habla de más de 1.000.000 de casos de Chicungunya, mientras conozco casos de víctimas mortales de la descontrolada enfermedad, sobre la cual pesa la más rígida censura gubernamental; aumentan los asaltos y los atracos, son hermanos quitando a sus hermanos lo poco que han logrado ganar como utilidades; en las cárceles hay muerte y al parecer "muerte" es la marca fundamental de un gobierno que nos expropió la alegría.

Los problemas son tantos que se agolpan en la boca y nos dejan mudos, creando una extraña sensación de "normalidad".

¡Qué lamentable cuando lo malo se vuelve "Normal"…!

Con este sentimiento salí el fin de semana a recorrer los arbolitos iluminados de mi bella y maltratada ciudad de Caracas, buscando razones que me ayuden a remendar a mi gastado espíritu, debo decirles que cuando un optimista como yo se pone así, es que la cosa pinta muy mal.

Miraba vitrinas en un centro comercial, .mientras un" Santa Claus" se encontraba sentado en su silla para tomarse la consabida fotografía de navidad, conté 3 Santas en dicho centro comercial. De pronto una niña de grandes colitas que parecían escobillones, rompe el protocolo y se abalanza hasta "Santa"…

El hombre ataviado con su clásico uniforme, le mira sorprendido y con una gran sonrisa la recibe, al llamado de los padre azorados un leve movimiento de la mano enguantada les tranquiliza y se sienta pacientemente a escuchar "Su Carta", el iluminado rostro de la niña, la amable sonrisa del viejo de larga barba blanca y vestido de rojo, me dejan paralizado, como dejando a mi alma absorber la imagen…

Ella termina con una gran sonrisa de alivio, le saluda con un saludo de palmas, puñito y deditos, el cual parece un código secreto ancestral entre el mito y la niña. Y ella, iluminada, va corriendo con breves saltitos de triunfo y felicidad, hacia sus padres.

El rostro del "Santo" resplandecía, al igual que el del fotógrafo, el cual no ganó nada con ese momento, el de los niños alrededor, el de los padres, adultos; todos los presentes emanábamos "esa" luz especial. Todos fuimos tocados por la magia de una niña que "**CREE**".

Esa tarde, seguí mi andar, la Plaza Francia en Altamira, Caracas, era iluminada en su tradicional ceremonia del encendido del árbol. El espejo de agua, las luces, el nacimiento, los niños corriendo y jugando entre las grandes estrellas iluminadas, encajadas en los espacios verdes de la simbólica plaza, testigo fiel de nuestras luchas…

Al día siguiente, puse el pesebre en mi casa, abrí las ventanas, coloqué aguinaldos, gaitas villancicos y me dije… "**YO CREO**"

Así es mi querida Graciela… Mi espíritu está renovado, no hay "bolas rojas de incertidumbre" ni "Bambalinas coloridas de inflación" que puedan secar al verde árbol de la **FE**…

Yesenia… Navidad… ¡**SI, ESTAMOS EN NAVIDAD!**… ¡**Porque la situación económica NO NOS DEFINE, LA ALEGRÍA NO VIENE DEL BOLSILLO, SINO DEL CORAZÓN QUE CREE!**

Mi estimado Saúl, cuando Cristo nació, también estaba color de hormiga. Una historia muy parecida, de opresión bajo la bota extranjera, de pobreza, de humildad y carencias, tanto, que el hijo de Dios nació en un establo.

La riqueza no está fuera de nosotros, la verdadera riqueza ¡**VIENE** de nosotros!

Emana de nuestra **FE**, en lo que hacemos, en lo que creemos, en lo que defendemos.

Hermanos venezolanos, el enemigo se crece cuando nos mata el espíritu, cuando nos hace creer que valemos por lo que tenemos y no por lo que somos. No podemos ser felices si permitimos que nos distraigan de las cosas que realmente son importantes.

Porque esa luz, simple, sencilla que iluminaba el rostro de la niña de "colitas de escobillón", es la verdadera luz que nos permitirá enfrentar la oscuridad que se cierne sobre nuestra maravillosa nación.

¡CREE Graciela!

¡CREE Yesenia!

¡CREE Saúl!

¡CREE Red!

¡CREE VENEZUELA!

¡Porque dentro de cada uno de nosotros está el espíritu, está la fuerza, está la FE que forja los destinos de la gente de buena voluntad!

¡FELIZ NAVIDAD AMIGOS MÍOS, DESCONSOLADOS, AFLIGIDOS, ABANDONADOS, PRESOS, EMPOBRECIDOS, ARRODILLADOS, ENCEGUECIDOS, MALTRATADOS!

FELIZ NAVIDAD HERMANOS, PORQUE A LA LARGA, TODOS NOS NECESITAMOS, TODOS FORMAMOS PARTE DE ESTA NACIÓN, TODOS SOMOS PIEZA CLAVE PARA EL FUTURO DE NUESTRA QUERIDA Y AMADA VENEZUELA

CREED HERMANOS, LES TENGO UNA BUENA NOTICIA...

¡NOS HA NACIDO UN SALVADOR!!!!

Publicado 9 de Diciembre del 2014
http://unaaventurallamadavida.blogspot.com/2014/12/querido-vecindario-yo-creo.html

CAPÍTULO 29

YO NO OLVIDO EL AÑO VIEJO...

Es poco menos que imposible no guardar la impresión de ese momento mágico, entre la medianoche del 31 de Diciembre y los primeros segundos del 1ero de Enero, es algo así como una explosión de emociones, gritos, pitos, la mezcla de abrazos, risas y lagrima, las cuales pretenden resumir, todos los acontecimientos vividos durante el año anterior y se vierten en un océano de recuerdos acumulados de muchos años anteriores.

Nunca podré borrar de mi mente, aquel último año nuevo con mi abuelo Poleo; el viejo salió corriendo a la calle, después de los abrazos, gritando "MATRICULEEEEE... MATRICULEEEE....", más delgado, con afecciones cardíacas, pero con el buen humor intacto, celebraba el nuevo año, celebraba la vida, mientras al fondo se escuchaba el clásico ritmo tropical y decembrino, *"Yo no olvido el año viejo, porque me ha dejado cosas muy buenas..."*, "El año Viejo", del compositor colombiano Crescencio Salcedo y puesto de moda por el gran cantante mexicano Tony Camargo.

Quien no lo cantó en este fin de año 2014.

En Venezuela, mucha gente enciende sus radios para esperar el conteo de fin de año, la mayoría de veces con "Las Uvas del tiempo", de nuestro poeta cumanés Andrés Eloy Blanco, mientras al fondo, la voz del narrador informa, lleno de emoción, "EL OBSERVATORIO CAJIGAL INFORRRMAAA, FALTA 1 MINUTOOOO PARA EL FIN DEL AÑOOOO"...

En medio del bochinche inicial, de los abrazos y las bendiciones, unos salen a la carrera a la calle con las maletas, en la creencia de que así garantizarán un viaje, en el supuesto de que el gobierno renueven el cupo de dólares de viajeros y adicionalmente vuelva a existir la posibilidad de poder comprar un pasaje de avión en moneda nacional... uno que otro se arregla la ropa interior amarilla para la buena suerte, mientras la mayoría aprieta en su puño un dólar... la misma mano que un día sostuvo a nuestro deteriorado "Bolivar Fuerte", venido a menos y al borde de la extinción.

Luego las copas de vinos espumantes, sidras o "manzanita", porque la champaña ya es leyenda (al menos en la mesa del pueblo, el mismo pueblo que el mundo entero reconocía como los "Ta´barato")

Los fuegos artificiales se abren paso a partir de la medianoche… bajando sensiblemente su intensidad de antaño mientras unos pocos "Globos de los Deseos" elevan su trémula flama en la oscuridad de la noche.

Un ritmo más calmado y cadencioso acalla atrás el furor, un breve instante a la reflexión…*"Ya pasó noche bueeeenaaa… ya pasó navidaaaad y esta noche comieeeenzaaa un añooo maaas…"* se escucha la canción compuesta por Roberto Gomez Bolaños, encogiendo los corazones de los presentes, éste 2014 se llevó a nuestro querido y siempre recordado Chespirito. Se fue calladito, "Sin querer queriendo".

Se nos fue el 2014, ese año comenzaba con estantes vacíos… producto del acto de piratería organizado por el gobierno, recordado como "El Dakazo"… e institucionalizado como "Precios Justos".

Se instauraba así la cola y el "bachaqueo", la venta de puestos en la cola y la reventa de productos en manos de buhoneros o en la WEB.

Esos mismos estantes vacíos que dijeron era "normal" en el mes de Enero, se quedaron vacíos en Febrero, Marzo… Abril… etc…etc…

Y sigue la fiesta hasta el amanecer… Seguimos bailando al cubano son…

"Yo noo olvido el año vieeeejooo porque me a dejaooo cosas bien………..."

"Me dejó más deuda, un montón de muertos, muchos detenidos y una salida"

"Me dejó sin pasajes y sin la comida, y a la Chikungunya en toda la familia"… me *dejooo… me dejooo… me dejooo… cosas dolorosas y solo una salida…"*

El año 2014 quedará en mi memoria, como uno de los años más duros de mi vida, duro ante la aplastante realidad que nos ha tocado vivir, aunque lo más indicado sería decir, la realidad que nos hemos permitido vivir.

Comencé el año regresando de pasar un final de año 2013 en Tucacas, Estado Falcón, en medio de un tremendo racionamiento de agua, sin embargo, vacaciones son vacaciones y recibir el nuevo año con nuestro maravilloso Mar Caribe empapando tus pies, no tiene precio.

Como tantos venezolanos, buscamos alejarnos de nuestros problemas, para encontrarnos con "otras duras realidades".

Quien diría que al regresar, pasaríamos por el lugar exacto en donde unos pocos días después, era cruelmente asesinada una querida "Miss" junto a su esposo, mientras hacían turismo por nuestro bello y maltratado país… su pequeña hija apenas sobrevivió. Tan lamentable hecho, le daba rostro a la terrible inseguridad que nos amenaza y acaba día a día.

La misma inseguridad de que era objeto una estudiante de la Universidad Nacional Experimental del Táchira, al ser abusada sexualmente, lo cual originó que sus compañeros realizaran una contundente protesta contra la inseguridad, el 4 de Febrero. Dicha manifestación fue fuertemente reprimida con un saldo de estudiantes heridos y detenidos.

A la represión vino la reacción, al día siguiente, estudiantes de otras universidades del país, realizaron sus propias protestas, exigiendo la liberación de los detenidos, dando paso a más represión y detenciones.

Leopoldo López y Maria Corina Machado, lideran a un grupo disidente de la MUD, el cual intenta capitalizar el descontento general, proponiendo "La Salida".

Mientras el gobierno continúa la represión a la protesta, ésta se va extendiendo por todo el país. El 12 de Febrero de "el año viejo", 2014, día de la Juventud, 18 ciudades se movilizaron por la liberación de los jóvenes detenidos y en rechazo a las políticas, cada vez más irracionales del gobierno zoocialista.

En Caracas, acompañamos a Leopoldo López hacia la Fiscalía de la República, en donde se había montado una celada, según lo demostraron suficientemente, videos y la misma investigación del Cuerpo de Investigaciones Científicas, Penales y Criminalísticas (CICPC); cuerpos policiales y guardias "Nazionales" se unieron a los cuerpos paramilitares para atacar a los que lograron llegar a la fiscalía y sus alrededores, 3 personas murieron ese día, el gobierno culpó a los propios manifestantes, pero vale la pena recordar que, el diario Ultimas Noticias, periódico que recibe la mayor publicidad gubernamental, es el que destaca mediante fotografías, que los asesinos eran funcionarios policiales. El mismísimo "Regente del Imperio Cubano" afirma en cadena de radio y televisión que los organismos policiales habían sido infiltrados por la derecha "mayamera y uribista"...

Ya lo que sucedió después formará parte de la memoria de un pueblo, de sus jóvenes, de la lucha por la libertad, contra la impunidad, la inseguridad, la escases, por la restitución del Estado de Derecho, por la elevación de los verdaderos valores en contra de un Estado Corrupto y claramente dictatorial, empeñado en acabar con el erario público y apoyado por fuerzas mercenarias.

"Yo noo olvido el año vieeeejooo porque me a dejaooo cosas bien..........."

Me dejó más de 40 muertos en las manifestaciones...

3.476 detenidos, de los cuales 297 eran menores de edad... lo peor es que muchos de los detenidos sufrieron torturas, incluyendo denuncias sobre abuso sexual, tratos crueles, inhumanos y degradantes.

1963 fueron liberados con medidas cautelares...

Largas colas en los supermercados para obtener productos básicos.

No hay carros nuevos y escasean los repuestos.

Periódicos sin papel.

Canales informativos fuera del aire (NTN24) Censura y autocensura...

Una impunidad del 91% en casos de homicidio.

Caracas pasa a ser la segunda ciudad más violenta del mundo, con una tasa de 115,98 homicidios por cada 100.000 habitantes (Según la ONG, Consejo Ciudadano para la Seguridad Publica y la Justicia Penal)

El empleo formal desaparece, dando paso al informal, al buhonerismo, al "negocio".

Aparecen nuevas actividades:

• **El Bachaqueo** (acción ilegal que busca aprovecharse de recursos o subsidios del Estado para beneficio personal. Actividad de un grupo de vivos que se benefician ilícitamente de la necesidad de otros)

• **La Venta de Puestos** (venta de los lugares en las colas de los supermercados, el precio del "puesto" va a depender de la cercanía a los productos y a la cantidad y calidad de los productos)

• **Contrabando de extracción**, tanto de alimentos como de gasolina (no necesita ser explicado)

Todas delictivas, todas permitidas bajo la mirada disimulada del gobierno que las alimenta y de los funcionarios que se aprovechan.

Gente abandonando su país, perseguidos por la sombra del miedo, saltando a las oscuras aguas de la emigración, solo por la oportunidad de "**Vivir**".

El sistema sanitario en total decadencia, mientras las enfermedades que ayer eran cosas del pasado, como el paludismo, malaria, dengue, entre otras; vuelven a causar estragos en una población desinformada y sin las medicinas adecuadas y hasta sin los médicos necesarios, ya que muchos se han marchado. Y a este concierto se le une la Chikungunya, la cual se posó en mí y en un gran porcentaje de familia y amigos cercanos, dejándonos este terrible padecimiento por meses, más lamentable aún es la siniestra cantidad de muertos por la enfermedad, cubierta por la censura gubernamental.

Todo esto entre muchas otras calamidades.

Sin embargo, debo reconocer que también "me ha dejado cosas bien buenas"…

Ciudadanos comprometidos con la reivindicación de la patria de Bolivar, capaces de poner a un lado intereses personales por el bien común, por la búsqueda del mismo sueño que un día nos llevó a luchar por toda América, para llevar la liberación de los pueblos, del tirano de turno.

Juventudes comprometidas con la lucha para alcanzar sus sueños.

Líderes capaces de entregar su vida y su libertad por su creencia de que una nueva y mejor Venezuela debe nacer de la escoria dejada por el Socialismo ineficiente, corrupto y traidor.

Gente capaz, que aporta soluciones, que quiere dejar de ser parte del problema, para convertirse en parte de la solución.

En lo personal, me dejó con más de 50 artículos, a mis 50 años, los cuales he tenido la fortuna de compartir con ustedes, recibir su apoyo y aliento para convertirse en mi primer libro, *"Una Aventura llamada Vida. Relatos desde el Socialismo del Siglo XXI, hasta una Muerte Prematura"*

Hoy, 21 de Enero del 2015, los venezolanos somos víctimas de la más profunda escases de hasta los artículos más elementales. Las imágenes de venezolanos en interminables colas, siendo marcados como ganado, pernoctando en las noches frente a los supermercados, esperando "algo", "cualquier cosa" que vendan al día siguiente, saqueos silenciados por la censura, enfrentamientos entre ciudadanos por un pollo, se ha convertido en el pan de cada día.

La caída estrepitosa de los precios del petróleo, única fuente de recursos en un país que no produce "más nada", ha originado la movilización del Inepto presidente, a diferentes naciones petroleras, buscando cartelizar las acciones y aumentar el precio, sin embargo, el mundo hace frente a una situación ya prevista por muchos y capitalizada por pocos.

No subirán los precios, tampoco obtendremos más dinero fresco, nos quedamos sin garantías, ningún presidente fue a un aeropuerto a recibir al mandatario venezolano, solo funcionarios de segunda le dieron una "cortés bienvenida" en su inútil y maratónico viaje, marcado con la compañía de un gran número de familiares…

Regresó con las manos vacías, apuntando al invisible enemigo, al imperio, el mismo imperio que hoy reestablece históricas relaciones con la Cuba parasitaria, forjadora de nuestra crisis actual.

Regresó culpando a una oposición que no se le opone.

Regresó llamando a un pueblo que no le recibió.

Regresó solo…

La "Memoria y Cuenta" que debía presentar, ayer 20 de Enero del 2015 a la Nación, desde la Asamblea Nacional, fue pospuesta sin mayores explicaciones. Posiblemente HOY, sepamos algo del rumbo de nuestra Nación.

Posiblemente sea el día de hoy, en el cual, el **"Primer Ineficiente Nacional"** sea capaz de enfrentar la cadena de desatinos, los cuales han sumido al país en una marisma de corrupción y desesperación.

También es posible que el día de hoy, solo escuchemos que los 300 dólares que podemos gastar para compras por internet y los 3000 dólares permitidos anualmente para viajar fuera del país, sean los responsables de la debacle nacional.

Es posible que escuchemos nuevamente las palabras "Comandante eterno", "Guerra económica", "Imperio", "Uribista", "Mayameros",

"Atentado", "Magnicidas", "Oposición" y "Burguesía", como estamos acostumbrados.

La realidad es que la realidad nos alcanzó y nos encontró desnudos.

La verdad es que el heredero del comandante, el hombre que conversa con las aves, se encuentra solo en su laberinto y la peor verdad es que todos estamos con él…

La diferencia está que esto no "depende" de él…

Depende de ti, de mí y de cada uno de los que estamos embarcados en esta gran nación, esto depende de todos y cada uno de los que nos hemos "resteado" por Venezuela, de los que aquí estamos, los que queremos permanecer, los que estamos comprometidos, cada día, en sacarla adelante, desde cada una de nuestras actividades…

Nadie dijo que será fácil, pero el tiempo se agotó.

Venezuela, en esta hora menguada, necesita que tú y yo demos un paso al frente.

VENEZOLANOS, VENEZOLANAS, ESTE BARCO SE PARÓ, Y EL CAPITÁN Y SU TRIPULACIÓN ESTÁN LISTOS PARA ABANDONARNOS A NUESTRA PROPIA SUERTE.

DE NOSOTROS DEPENDE PONERLO EN MARCHA AHORA…

¡PARA LUEGO ES TARDE!.

Publicado el 22 de Enero del 2015
http://unaaventurallamadavida.blogspot.com/2015/01/yo-no-olvido-el-ano-viejo_21.html

ACERCA DEL AUTOR

Nace en Venezuela el 13 de Abril de 1964. Hijo de Marietta de Poleo, Ama de Casa y Reinaldo O. Poleo T, Contador, transcurre su niñez entre las parroquias de Coche y el Valle en Caracas, Venezuela. Estudia Primaria y la mayor parte de la secundaria en el Colegio Fe y Alegría de La Rinconada. El 5to. Año lo realiza en el Seminario Menor de Caracas, ante una incipiente vocación sacerdotal que queda arropada por el llamado del Mar. En el año 1982 se traslada a la Isla de Margarita de donde egresa como Oceanólogo y Acuicultor del Instituto Universitario de Tecnología del Mar de la Fundación La Salle - Sede Nueva Esparta. La Universidad Simón Bolívar, lo contrata para la realización de proyectos de Impacto Ambiental, participando en varias publicaciones. Luego se desarrolló en la Actividad Gerencial en el mundo Editorial para posteriormente ser contratado por Seguros La Seguridad, C.A., primera empresa de Seguros de la República de Venezuela en el año 1989. Gerencia la Sucursal de Puerto Cabello, Edo. Carabobo, ocupando posteriormente los cargos de Coordinador de Producción en la Oficina Regional del Centro en Valencia, Estado Carabobo, luego es trasladado a la Gerencia de Producción Nacional en la Oficina Principal de la Compañía en Caracas, en la cual ejercería la Coordinación de Producción en Sociedades de Corretaje. En los años 90, posterior a la crisis de Bancos y Compañías de Seguros en Venezuela, experimentó la Gerencia en una empresa de Cable en Venezuela, SuperCable, C.A., para posteriormente iniciar un proyecto de representación de empresas de Seguros Internacionales en la naciente Centuria Investment Group, C.A. Desde el año 2007 inicia un proyecto propio que culmina con la fundación en el año 2009 de Consultores Integrales Poleo & Asociados, C.A. la cual conjuga a un staff de profesionales de las áreas de la Contabilidad, Administración y Seguros. En la actualidad Asesoran a Empresas en el desarrollo de su Gestión y Administrando exitosamente varias importantes Carteras de Seguros, garantizando el desarrollo de las mismas tras una estructura de servicio probada, garantizando la presencia del Asesor de Seguro, tanto en sus clientes como en las compañías que representa. En el año 2014 publica su primer libro, *"Una Aventura Llamada Vida. Relatos desde el Socialismo del Siglo XXI hasta una Muerte Prematura"*, con el cual da inicio a la serie de la cual el presente es la segunda entrega.

www.ingramcontent.com/pod-product-compliance
Lightning Source LLC
Chambersburg PA
CBHW020507290526
45786CB00002B/507